lonely planet

MI PRIMERA GUÍA DE LONDRES

¡QUE EMPIECE LA AVENTURA!

por Paige Towler

geoPlaneta
Av. Diagonal 662, 08034 Barcelona
www.geoplaneta.com www.lonelyplanet.es

Lonely Planet Global Limited
Lonely Planet Global Limited, Digital Depot,
The Digital Hub, Dublín D08 TCV4, Irlanda
www.lonelyplanet.com
Contacta con Lonely Planet en lonelyplanet.com/contact

Mi primera guía de Londres
1º edición en español - mayo del 2025
Traducción de *The Lonely Planet Kids Travel Guide of London*, 1º edición - mayo del 2025

La colección Lonely Planet Kids Travel Guides se ha producido en colaboración con el WonderLab Group, LLC.
Gracias a nuestra especialista en la ciudad, Tasmin Waby, y a la editora Rose Davidson.

Editorial Planeta, S.A.
Av. Diagonal 662-664, 7º, 08034 Barcelona (España)
Con la autorización para la edición en español de Lonely Planet Global Ltd, A.B.N. 36 005 607 983,
Lonely Planet Global Limited, Digital Depot, The Digital Hub, Dublín D08 TCV4, Irlanda

ISBN: 978-84-08-29603-4
Depósito legal: B. 15.827-2024
Impreso en Malasia - *Printed in Malaysia*

lonely planet

MI PRIMERA GUÍA DE LONDRES

¡QUE EMPIECE LA AVENTURA!

por Paige Towler

SUMARIO

FOTO: ceremonia del cambio de guardia en el palacio de Buckingham.

CÓMO USAR ESTE LIBRO

¿Buscas los postres más deliciosos o te chifla la naturaleza urbana? Quizá quieras visitar algunos lugares para jugar o descubrir la historia y los misterios de la ciudad. O, tal vez, todo ello. Cada capítulo está dedicado a un tema. Puedes leer la guía de principio a fin o ir leyendo solo los capítulos que te interesen. No olvides examinar cada página en busca de lugares, personas, datos curiosos y mucho más. Aquí tienes algunos de los aspectos más destacados de esta guía.

EL GUARDIÁN DEL TÁMESIS

Con sus torres tipo castillo, su enorme plataforma levadiza y colosales pilares, este puente es uno de los sitios más emblemáticos de Londres. Es por esto que mucha gente cree que este es el puente de Londres, aunque su verdadero nombre es **Tower Bridge.** El puente se construyó entre 1886 y 1894 en un estilo que armonizaba con las partes más antiguas de la ciudad.

Actualmente, este puente es una de las imágenes más famosas de la ciudad. Contempla este icono desde las orillas del Támesis o desde otros puntos de observación, como el London Eye (pp. 48-49) o el Shard (p. 54). Si lo prefieres, puedes contemplar el resto de la ciudad desde sus famosas torres. Se puede subir a lo alto y caminar por una pasarela de cristal que conecta ambas: mientras disfrutas de las vistas, no olvides mirar hacia abajo ¡a través del suelo de cristal!

A solo 0,8 km del Tower Bridge está el verdadero puente de Londres. El original se derrumbó, lo que dio lugar a una famosa canción infantil en inglés.

Datos básicos

Años que tardó en construirse: **8**

Tiempo que necesita para abrirse: **1 min**

Con qué frecuencia se abre: **aprox. 800 veces al año, dos al día**

UN HITO DE LA INGENIERÍA

Uno de los mayores retos a los que se enfrentaron los ingenieros del Tower Bridge fue crear un puente que vehículos y gente pudieran usar para cruzar el río, pero que también permitiera a los barcos seguir su camino. La solución fue una estructura levadiza: un puente con dos brazos que se levantan desde el centro hacia ambos lados para dejar pasar los barcos.

FOTO: apertura de la plataforma levadiza del Tower Bridge para que pase un barco.

50 Mi primera guía de LONDRES

¿Te gusta recopilar datos y estadísticas?

Fíjate en estos apartados.

Aquí tienes la traducción de unas cuantas palabras y expresiones que encontrarás en esta guía.

Hello - Hola
Let's go! - ¡Vamos!
That's fun! - ¡Qué divertido!
Thank you! - ¡Gracias!
Goodbye - Adiós

Qué hace que
sta ciudad sea
an inspiradora?

**:onsulta “El viejo
ámesis” en pp. 70-83
“Lugares muy
les” en pp. 84-95.**

¿Tienes curiosidad por conocer los lugares más raros, extravagantes y desconocidos?

Lee “Secretos de la ciudad” en pp. 118-129.

Necesitas hacer algo
ıientras esperas un
en, autobús, avión
taxi?

**iviértete con
Encuentra las
iferencias”
n pp. 130-133.**

¡BIENVENIDOS A LONDRES!

¡Fiuuu! Los autobuses de dos pisos zumban por las calles. Bajo tierra, el metro atraviesa veloz los túneles. Y por encima de todo, los palacios relucen bajo el sol. ¡Has llegado a Londres!

Busca lugares emblemáticos como el Big Ben, el Tower Bridge o la catedral de St. Paul desde una cabina del enorme London Eye o desde el agua en un crucero por el Támesis, el famoso río de Londres. Visita la abadía de Westminster y detente en el mismísimo lugar donde se celebran las coronaciones reales.

¡No olvides visitar el palacio de Buckingham o parar en Trafalgar Square y su trasiego de gente! Esto es solo el comienzo de tu aventura. ¡Vamos!

FOTO: autobús de dos pisos en el puente de Westminster.

UN CACHITO DE HISTORIA

En Londres hay muchas cosas que hacer, gracias, en parte, a su rica historia. Aunque el lugar lleva habitado 4000 años, los romanos fundaron oficialmente la ciudad, a la que llamaron Londinium, hace unos 2000.

PARA ORIENTARTE

Londres es la capital de Inglaterra y la ciudad más grande del Reino Unido. Consta de 32 barrios o boroughs, cada uno con su ambiente y encanto.

Inglaterra es parte del Reino Unido, junto con Escocia, Gales e Irlanda del Norte.

Gran Bretaña es el nombre de la isla que alberga Inglaterra, Escocia y Gales.

TOMA EL METRO

Con 11 líneas y más de 270 estaciones, el metro de Londres ("el Tube") es uno de los sistemas de transporte más ajetreados de la ciudad. Inaugurado en 1863, actualmente llega a todas las partes de la ciudad; su trayecto más largo supera los 87 km.

Datos básicos

Año de inauguración de la primera línea: **1863**

Número de pasajeros el primer año: **9,5 millones**

Número de pasajeros en el 2024: **aprox. 1100 millones**

FOTOS: interior de la estación de Piccadilly Circus (arriba); pasajero consultando un plano del metro (dcha.).

Way out

CÓMO MOVERTE POR LA CIUDAD

FOTO: vistas desde Trafalgar Square.

POR TIERRA

Londres tiene alrededor de 675 líneas de autobús y más de 19 000 paradas.

¿ARRIBA O ABAJ

Como casi todas las grandes ciudades, Londres tiene una red de autobuses que abar toda la ciudad. Pero lo que hace especiales a los de Londres es que casi todos son de d pisos, con asientos en dos alturas. Hoy, estos vehículos están completamente cerrad por lo que puedes viajar sin preocuparte de la lluvia. Pero no siempre fue c a principios del siglo XX eran descapotad

FOTOS: autobús de dos pisos (arriba); autobús turístico descapota (pág. siguiente arriba); taxi en Regent Street (pág. siguiente aba

¡SUBE Y BAJA!

Muchos autobuses turísticos permiten subir y bajar libremente. Esto significa que el autobús sigue un recorrido por la ciudad, deteniéndose en varios puntos de interés. Puedes bajarte para explorar cada lugar y, cuando termines, subir al siguiente autobús para continuar el recorrido.

El primer "autobús" de dos pisos era un carruaje tirado por caballos.

PARA UN TAXI

Los taxis de Londres existen desde hace ¡300 años! También conocidos como *hackney carriages*, se cree que este nombre proviene de la palabra francesa *"hacquenée"*, que se usaba para describir a los caballos que los londinenses usaban para moverse por la ciudad. Aunque a los taxis se les llama *black cabs* ("taxis negros"), hoy en día no todos son de ese color. Para parar uno solo tienes que levantar el brazo.

¡TODOS A BORDO!

BAJO LONDRES

La línea Elizabeth es la forma más rápida de ir de un extremo al otro de la ciudad. Para construir esta línea de tren hicieron falta 10000 ingenieros, obreros y otros trabajadores, y tomaron 13 años en completarla. ¿Por qué tanto tiempo? ¡Porque durante las obras no paraban de aparecer restos históricos! Entre ellos apareció un cementerio de 700 años, un orinal tricentenario, monedas romanas y mucho más... La línea lleva el nombre de la reina Isabel II.

TOMA EL TRANVÍA

Como muchos de los primeros transportes de Londres, los tranvía empezaron siendo vehículos tirad por caballos. Las primeras vías de tranvía (¡para caballos!) se construyeron en 1861. Los tranvías eléctricos no llegaron hasta 1901. Actualmente, hay 45 km de líneas tranvía, con cerca de 30 millones de pasajeros al año.

Un tranvía es un tipo de tren que circula por vías a ras del suelo y funciona con electricidad, a menudo a través de los cables situados por encima del tranvía.

LA HORA DEL TREN

El Docklands Light Railway, o DLR, es único porque ¡funciona sin conductor! Este tren automático está conectado con algunas de las estaciones más grandes del metro londinense (pp. 26-27) para llevar a los pasajeros hacia las ajetreadas zonas de los Docklands y Canary Wharf. También tuvo un papel importante en los Juegos Olímpicos de Londres 2012, transportando a los visitantes al Parque Olímpico. Con tanta gente en la ciudad, el DLR alcanzó su récord de pasajeros, ¡con 100 millones de trayectos entre 2012 y 2013!

***FOTOS:** interior de un vagón de la línea Elizabeth (pág. anterior arriba); el Tramlink (pág. anterior abajo); tren del Docklands Light Railway en Canary Wharf (izda.); tren del metro de Londres (abajo).*

CONOCE LAS AFUERAS

El London Overground es una red ferroviaria que viaja por la superficie y conecta distintos barrios y suburbios de Londres. Aunque empezó siendo un túnel peatonal. En 1843 se inauguró el túnel del Támesis tras 18 años de construcción. Fue uno de los primeros túneles construidos bajo un río. En 1865, una empresa ferroviaria compró el túnel y lo conectó a la red de trenes. En el 2024 las líneas recibieron nuevos nombres, como Lioness, en honor a la selección femenina de fútbol de Inglaterra, o Suffragette, en cuerdo al movimiento en favor del derecho al voto de las mujeres.

A TU RITMO

A PIE

Una de las mejores formas de moverte por Londres es a pie. Como abundan los adoquines, es imprescindible llevar calzado cómodo. La ciudad combina ajetreadas avenidas con serpenteantes callejones, muchos de ellos famosos. ¿Qué mejor forma de explorar lugares como Abbey Road, donde los Beatles se tomaron su famosa foto, o Regent Street, con sus impresionantes decoraciones, que caminando? Y mientras paseas, descubre históricas fachadas de piedra, cafeterías escondidas ideales para tomar un tentempié y coloridos murales de arte urbano.

Por el centro también puedes desplazarte en bicitaxi: unos triciclos con asientos a cubiert

Datos básicos

Número de estaciones de bicicletas de Santander Cycles: **aprox. 800**

Número de bicicletas de Santander Cycles: **más de 12 000**

Año de inauguración del primer carril-bici de Londres: **1934**

Se ofrecen muchos circuitos a pie por la ciudad, ¡algunos incluso bajo tierra! En uno por el metro de Londres, puedes explorar andenes abandonados, túneles secretos, refugios ocultos y mucho más.

A PEDALES

Es bastante fácil moverse en bicicleta por Londres, pues es una ciudad relativamente llana. Además, gracias a sus canales, parques y riberas siempre podrás disfrutar de nuevos paisajes. Las bicis son muy populares y las Cycleways son rutas ciclistas para desplazarte sobre pedales de forma segura. También puedes alquilar bicis por toda la ciudad. La Green Belt Cycle Route es ideal tanto para disfrutar del paseo como para ver algunos de los sitios más famosos, como Hyde Park y el palacio de Buckingham.

***FOTOS:** Regent Street (arriba); sistema de bicicletas compartidas de Santander Cycles (izda.).*

CONOCE EL METRO

Las estaciones del metro de Londres (más conocido como "el Tube") son muy fáciles de encontrar por toda la ciudad. Busca las famosas señales con un círculo rojo con el centro blanco.

Cada año, los trenes del metro viajan una distancia equivalente a más de 2000 viajes de ida y vuelta a la Luna. El sistema abarca 402 km por toda la ciudad.

Algunas estaciones están a una gran profundidad: la de Hampstead, por ejemplo, es la más profunda de todas, a 58 m por debajo de la superficie.

El metro también está lleno de estaciones fantasma o que ya no se usan. En concreto, 40. La estación fantasma de Aldwych ahora es un museo y a veces se usa para rodar películas o series. También hay entradas y túneles secretos.

***FOTO:* entrada del metro de Londres en Regent Street.**

UNA ENTRADA IMPORTANTE

En la estación de metro de Westminster hay una puerta privada que muy pocos pueden usar. Conduce a un pasillo sin señalizar que va desde la estación hasta el Parlamento. Solo los miembros y los trabajadores del Parlamento pueden usarla. Las puertas de seguridad requieren un pase especial antes de acceder a la entrada del edificio.

VIAJES INSÓLITOS

UN PASEO POR LAS NUBES

Hay muchas formas de cruzar el Támesis, ¡pero algunas son más emocionantes que otras! Sin duda, podrías hacerlo en barco o a pie o en coche por uno de sus numerosos puentes. Pero hay otra opción: surcando el cielo con el **IFS Cloud Cable Car.** Disfruta de vistas aéreas del río y la ciudad en un teleférico que se desliza a través de cables a 90 m de altura. El trayecto de 10 min te permitirá cruzar el río rápidamente, ¡pero siempre puedes repetir!

Se tardaron seis años en completar la construcción del Eurotúnel, que costó alrededor de 12 000 millones de libras.

Cada año más de un millón de personas montan en el IFS Cloud Cable Car.

EL EUROTÚNEL

¿Te apetece hacer una rápida visita a Francia? ¡Móntate en un tren! Puede que te preguntes cómo es posible, ya que Francia e Inglaterra están separadas por una gran masa de agua y sin ningún puente a la vista. Pero no viajarás por encima del agua, ¡sino por debajo! El túnel del canal de la Mancha, o Eurotúnel, es un túnel submarino que conecta el sur de Inglaterra con el norte de Francia. Trenes de pasajeros y de mercancías, que pueden transportar coches, circulan a toda velocidad. Para ir a Francia desde Londres, toma el tren Eurostar en la estación de St Pancras International o móntate primero en el Channel Tunnel Rail Link.

***FOTOS:** el IFS Cloud Cable Car en los Royal Docks (arriba); coches en el tren Le Shuttle en el Eurotúnel (izda.).*

NAVEGA POR EL RÍO

El Támesis ya era parte indispensable de este lugar incluso antes de la fundación de Londres. Durante miles de años, la gente ha usado el río para comerciar, comunicarse y viajar.

En los ss. XVII y XVIII, el río se congeló varios meses seguidos. Los londinenses celebraban "ferias heladas" con tiendas, juegos e incluso acampada sobre el hielo.

Actualmente, los autobuses fluviales de Londres incluyen cuatro líneas que permiten subir y bajar en ocho muelles a lo largo de la ciudad.

Además, estos autobuses ofrecen excelentes vistas de algunos famosos puntos de interés, como el Tower Bridge (pp. 50-51), el London Eye (pp. 48-49) o el 'Gherkin'.

Los cruceros turísticos por el Támesis también son muy divertidos. En ellos, podrás disfrutar de tentempiés o incluso de una sofisticada merienda sobre el agua.

FOTO: *vista aérea de Londres y el Támesis.*

BARCOS HUNDIDOS

Los barcos llevan muchos siglos navegando las aguas del Támesis, y algunos incluso se hundieron en ellas. Uno de los pecios más famosos es el del buque de guerra inglés *London*, que se hundió en 1655 tras una explosión accidental. Permaneció olvidado bajo el agua del Támesis hasta que fue redescubierto en el 2005.

LUGARES DIVERTIDOS

FOTO: el Expreso de Hogwarts en el Warner Bros. Studio Tour London: The Making of Harry Potter.

EXPERIMENTA

CIENCIA EN ACCIÓN

El **Science Museum** de Londres es una visita imprescindible para cualquier pequeño o adulto curioso. No querrás irte de este museo de siete plantas llenas de actividades y exposiciones interactivas. Pilota un transbordador espacial en un simulador de vuelo, aprende la ciencia de los videojuegos o crea arte interactivo, ¡y esto solo es el principio!

La app móvil gratis Treasure Hunters del Science Museum lleva a los visitantes por los atractivos menos conocidos del museo.

SOBRE RUEDAS

En el **London Transport Museum** descubrirás coches, trenes y autobuses históricos, ¡y podrás montarte en ellos! Verás medios de transporte del pasado, como un autobús tirado por caballos, una locomotora de vapor del metro y antiguos autobuses de dos pisos. También hay coches de juguete, pósteres y otros objet relacionados con el transporte.

FOTOS: exposición de viajes espaciales en el Science Museum (arriba); históricos autobus de dos pisos en el London Transport Museum (izda.); vestidos históricos en el Young V&A (pág. siguiente arriba); interior del Horniman Museum (pág. siguiente abajo).

HORA DE JUGAR

Muchos museos están dedicados al arte, la ciencia y la historia antigua. Pero también hay algunos que exhiben ¡juguetes! En el **Young V&A** verás exposiciones y colecciones sobre todo tipo de cosas divertidas, desde *mangas* y cómics hasta muñecas, personajes de acción y marionetas. También puedes crear arte y experimentos con tus propias manos.

PARA TODOS LOS GUSTOS

En el **Horniman Museum & Gardens** hay mucho que ver (animales disecados, instrumentos musicales de todo el mundo, un histórico acuario y extensos jardines) y también tocar. Apúntate a los talleres de manualidades, observa animales de cerca en el Animal Walk o toca piezas auténticas en la zona interactiva.

En el Horniman Butterfly House los visitantes caminan entre mariposas y polillas.

PARQUES DE AVENTURA

En Wiltshire, a 148 km de Londres, se halla el laberinto más grande de Gran Bretaña. ¡Puedes tardar hasta 1½ h en recorrerlo!

ENTRE DINOSAURI

¿Buscas aventuras? El **Crystal Palace Park** es el sitio ide
En él encontrarás enormes esculturas de dinosaurios que fue
creadas en 1854. En sus terrenos también hay una pista
monopatín para los que prefieran el asfalto, así como un zoo infar
Y, si te apetece perderte, visita el enorme laberinto, creado en 18

***FOTOS:** esculturas de animales prehistóricos en el Crystal Palace Park (arr*
parque infantil en recuerdo de Diana, princesa de Gales (pág. siguiente arr
paseo a caballo en el Lee Valley Regional Park (pág. siguiente ab

¡BARCO A LA VISTA!

¡Preparado para surcar los siete mares! Así te sentirás en el **parque infantil en recuerdo de Diana, princesa de Gales.** Empieza por el sendero de 11 km y visita el parque infantil de temática pirata: sube a bordo de un barco pirata, trepa por el mástil o camina por la tabla.

DIVERSIÓN AL SOL

Con 42 km de longitud, el **Lee Valley Regional Park** ofrece todo tipo de actividades. Con buen tiempo, no te puedes perder el *rafting* en aguas bravas; o dar un tranquilo paseo en barca. En cualquier época del año también se ofrecen paseos a caballo, ciclismo y patinaje sobre hielo en pista cubierta. Si buscas algo menos movido, visita el Wildlife Discovery Centre para ver fauna. La torre de observación es el mejor lugar para avistar todo lo que hay alrededor.

¡EMPIEZA EL PARTIDO!

La localidad de **Wimbledon,** en el municipio londinense de Merton, alberga una de las mayores competiciones deportivas del mundo: el Campeonato de Tenis de Wimbledon, celebrado en el All England Club. Cada año, los mejores tenistas acuden a estas pistas para luchar por hacerse con el trofeo de tenis sobre hierba más prestigioso.

El campeonato se celebra desde hace más de 145 años: la primera edición fue en 1877, lo que lo convierte en el pionero de los torneos de tenis. Actualmente, el total de pistas del club tiene capacidad para ¡42 000 espectadores!

También podrás echar un vistazo al **Wimbledon Lawn Tennis Museum** para conocer la historia del lugar y sus antiguos trofeos, además de hacerte con una de las pelotas de tenis amarillas usadas en el torneo: a veces se venden a los aficionados y los beneficios se donan a organizaciones benéficas.

Datos básicos

Número de pelotas de tenis usadas durante el campeonato: **aprox. 55000**

Número de cámaras necesarias para retransmitir cada partido: **más de 100**

El cordaje de las primeras raquetas de tenis era de intestinos de animal.

***FOTO:** pista central de Wimbledon.*

ESTRELLAS DE LA RAQUETA

Durante los tres primeros años solo los hombres podían competir en Wimbledon. Las mujeres se sumaron a ellos en 1880. Y el torneo atrajo rápidamente a tenistas y espectadores. A lo largo de los años, los mejores profesionales han participado en Wimbledon, incluidos Roger Federer, Serena y Venus Williams, Billie Jean King o Steffi Graf.

DIVERSIÓN ASEGURADA

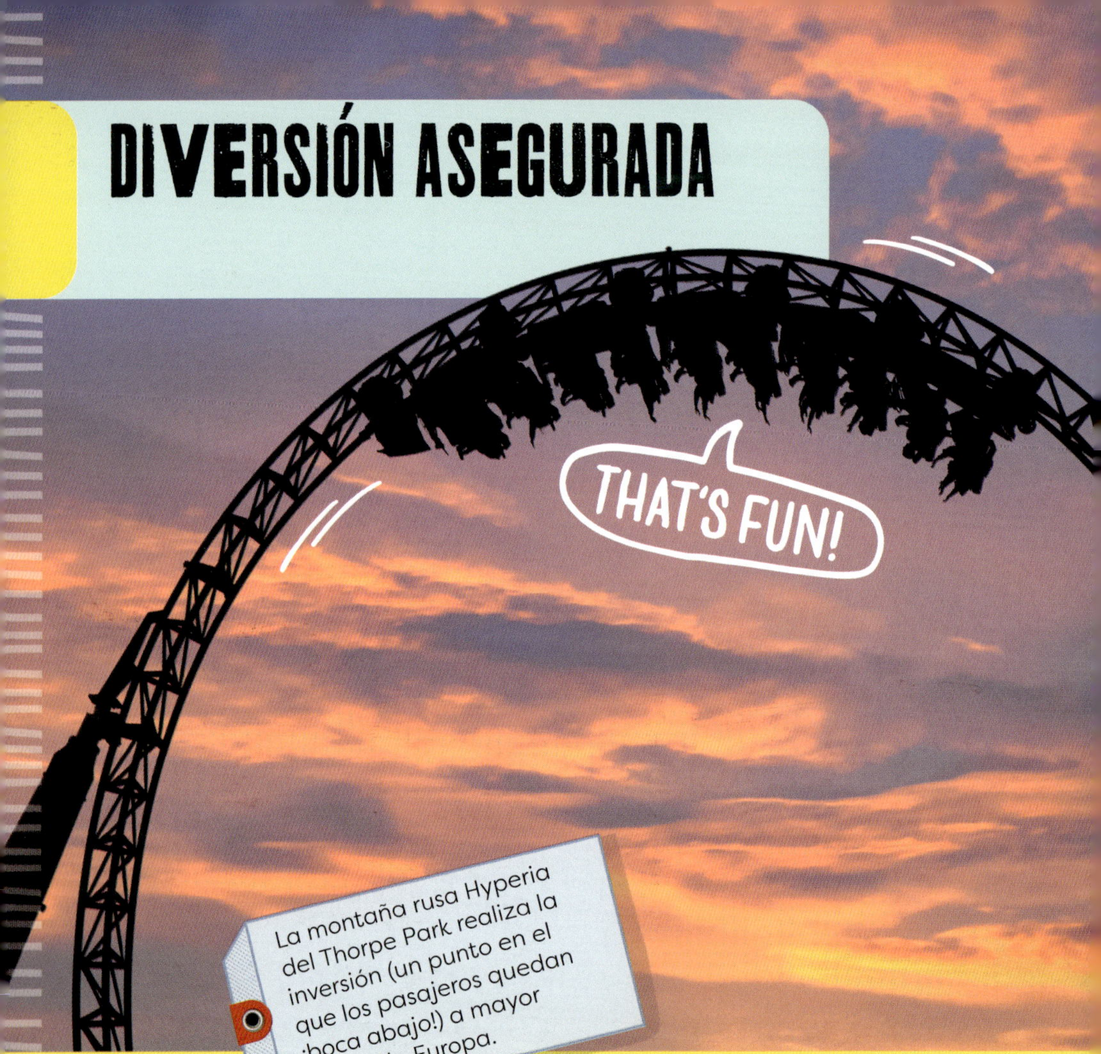

La montaña rusa Hyperia del Thorpe Park realiza la inversión (un punto en el que los pasajeros quedan ¡boca abajo!) a mayor altura de Europa.

ATRACCIONES BESTIALE

A unos 32 km al suroeste de Londres, el Thorpe Park ofrece más de 30 atraccione incluidas vertiginosas montañas rusas y emocionantes atracciones acuátic Destacan la Colossus, la primera montaña rusa del mundo que incluye 10 bucl y la Stealth, la montaña rusa más rápida del Reino Unido. Si necesit un respiro, puedes relajarte junto a la piscina en Amity Beac

FOTOS: Thorpe Park (arriba); recreación de Londres en el LEGOLAND Windsor Resort (pág. siguiente arri atracción acuática en el Chessington World of Adventures Resort (pág. siguiente aba

LA TIERRA DE LEGO

El **LEGOLAND Windsor Resort,** penas 1 h a las afueras de Londres, aguarda lleno de atracciones y actividades del maestro de las piezas de construcción. El parque de atracciones está dividido en 11 zonas temáticas con más de 55 atracciones. Echa un vistazo Miniland, con maquetas de LEGO le monumentos de todo el mundo, balancéate en un enorme barco pirata en Pirate Shores o móntate en un dragón de LEGO en una ontaña rusa del Knight's Kingdom.

Para las maquetas de Miniland, que incluyen el palacio de Buckingham y el London Eye, se usaron 40 millones de piezas de LEGO.

UN MUNDO DE AVENTURAS

Si buscas emociones fuertes, a 1 h aproximadamente, a las afueras de Londres, se halla el **Chessington World of Adventures Resort.** Este parque de atracciones y zoo suma más de 40 emocionantes atracciones y más de un millar de animales representativos de todo el mundo. Como curiosidad, entre las atracciones está la extraordinaria Burnt Stub Mansion, una mansión construida en 1348 que en el s. XVII función como taberna en la que los viajeros paraban a comer y descansar.

LA FAMA TE ESPERA

UN MUNDO MÁGICO

Si siempre has querido ver entre bambalinas el mundo de Harry Potter, esta es tu oportunidad. En el **Warner Bros. Studio Tour London: The Making of 'Harry Potter',** los visitantes tienen la oportunidad de explorar la serie de películas como nunca antes lo habían hecho. Podrán entrar en este mundo mágico visitando los escenarios reales de las películas, ¡desde el Gran Comedor hasta el Callejón Diagon y el Bosque Prohibido! También podrás ver el atrezo y el vestuario, así como los efectos especiales que maravillaron a tantísimos espectadores.

Datos básicos

Monedas acuñadas para las películas de Harry Potter: **más de 210 000**

Hipogrifos Buckbeak animatrónicos a tamaño real creados: **3**

Cajas de varitas mágicas creadas: **17 000**

MURO MÁGICO
Si visitas la estación de King's Cross podrás ver el Andén 9 ¾, donde un carrito "desaparece" a través de la pared.

niversity College de
ndres ha sido escenario
varias películas,
ncluidas Batman Begins
El caballero oscuro.

LA MAGIA DEL CINE

Las películas de *Harry Potter* no son las únicas que se han rodado en Londres. Si te gusta el oso Paddington, asegúrate de visitar localizaciones como la estación de Paddington, de la que el oso toma su nombre, o Regent's Canal en Camden, donde Paddington se montaba en un perro. Los amantes de las películas y los libros pueden buscar otras famosas localizaciones por toda la ciudad: echa un vistazo a la estatua de Peter Pan en los Kensington Gardens o a los famosos escenarios de *Mary Poppins*, como el Banco de Inglaterra o la catedral de St. Paul (pp. 76-77).

FOTOS: Warner Bros. Studio Tour London: The Making of Harry Potter *(arriba); estatua del oso Paddington en la estación de Paddington (izda.).*

¡EMPIEZA EL ESPECTÁCULO!

Durante gran parte del s. XVII, en Inglaterra solo podían actuar hombres en el teatro.

OBRAS DEL PASAD

Incluso más de cuatro siglos después de su muerte, William Shakespeare sigue sienc uno de los dramaturgos más famosos del mundo. Visita el **Shakespeare's Globe Theat** para ver cómo se representaban sus obras en el s. XVII. El primer Globe Theatre se inaugu en 1599. El actual es una reconstrucción de 1997 cerca del emplazamiento origin Al igual que aquel, tiene un techo semiabierto y galerías circulares. Los actor a menudo llevan un vestuario parecido al que usaban en las obras del s. x

FOTOS: Shakespeare's Globe Theatre (arriba); Puppet Theatre Ba (pág. siguiente arriba); Royal Opera House (pág. siguiente abo

ESPECTÁCULOS DE MARIONETAS

En este caso, ve hasta Regent's Canal para descubrir este teatro ¡sobre el agua! Desde 1978, la **Puppet Theatre Barge** lleva representando obras de marionetas en una barcaza, un barco de fondo plano. El público sube a bordo y desciende bajo cubierta para ver intrincadas marionetas de hilos interpretando historias y canciones.

DIGNO DE LA REALEZA

Ubicada entre los muchos teatros del West End, la histórica **Royal Opera House** antaño albergó el Covent Garden Theatre, inaugurado en 1732. El edificio se incendió dos veces, en 1808 y 1856, cuando aún se usaba fuego para iluminarlo. El teatro volvió a reconstruirse y se reinauguró en 1858. Durante la I Guerra Mundial se usó como trastero de muebles. Durante la II Guerra Mundial se convirtió en un salón de baile. Actualmente, este lujoso teatro acoge todo tipo de espectáculos musicales, incluidos coros, óperas y *ballets*. Además, se ofrece un circuito entre bastidores.

¡VAYA VISTAS!

O: London Eye.

NORIAS Y TOBOGANES

¡ECHA UN VISTAZO!

¿Qué puede haber mejor que disfrutar de unas vistas increíbles de la ciudad? ¡Pues hacerlo desde una atracción en funcionamiento! Súbete al **London Eye,** una enorme noria a orillas del Támesis que ofrece vistas de todo Londres. Construida en 1999, es una de las norias más altas del mundo. ¿Tienes vértigo? No te preocupes: las cabinas son cerradas (¡aptas también para los días de lluvia!) y tienen espacio suficiente para varias personas a pie y sentadas. Desde lo alto disfrutarás de unas vistas realmente panorámicas de la ciudad.

Antes del London Eye, la ciudad tenía la Great Wheel: una noria de 94 m de altura construida en 1895.

El tobogán ne
tanto acero co
para construir 2
autobuses de dos

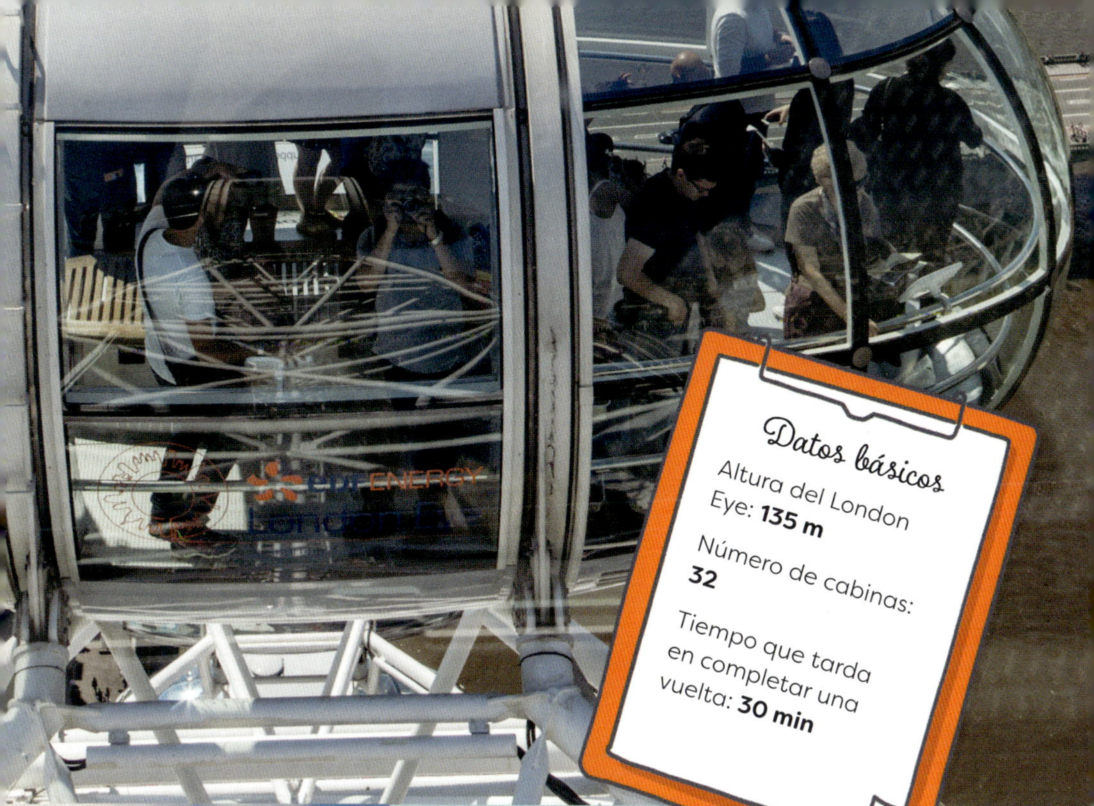

Datos básicos

Altura del London Eye: **135 m**

Número de cabinas: **32**

Tiempo que tarda en completar una vuelta: **30 min**

UN INMENSO TOBOGÁN

Para tener excelentes vistas de Londres, dirígete a lo alto de la escultura **ArcelorMittal Orbit,** una serpenteante instalación roja y plateada de acero. Toma un ascensor hasta lo alto para ver puntos de interés de todo Londres. Cuando hayas acabado de contar atracciones, baja por las escaleras, vuelve a tomar el ascensor o, si te apetece, ¡tírate por el tobogán! La torre incluye un enorme tobogán tubular en espiral. Con 76 m de altura y 167 m de largo, el tobogán es tanto el más alto como el más extenso del mundo. Deslízate por él y alcanza una velocidad de hasta 24 km/h mientras entrevés Londres según desciendes.

FOTOS: *cabina del London Eye (arriba); ArcelorMittal Orbit (izda.).*

EL GUARDIÁN DEL TÁMESIS

Con sus torres tipo castillo, su enorme plataforma levadiza y, sus colosales pilares, este puente es uno de los sitios más emblemáticos de Londres. Es por esto que mucha gente cree que este es el puente de Londres, aunque su verdadero nombre es **Tower Bridge.** El puente se construyó entre 1886 y 1894 en un estilo que armonizaba con las partes más antiguas de la ciudad.

Actualmente, este puente es una de las imágenes más famosas de la ciudad. Contempla este icono desde las orillas del Támesis o desde otros puntos de observación, como el London Eye (pp. 48-49) o el Shard (p. 54). Si lo prefieres, puedes contemplar el resto de la ciudad desde sus famosas torres. Se puede subir a lo alto y caminar por una pasarela de cristal que conecta ambas: mientras disfrutas de las vistas, no olvides mirar hacia abajo ¡a través del suelo de cristal!

Datos básicos

Años que tardó en construirse: **8**

Tiempo que necesita para abrirse: **1 min**

Con qué frecuencia se abre: **aprox. 800 veces al año, dos al día**

***FOTO:** apertura de la plataforma levadiza del Tower Bridge para que pase un barco.*

A solo 0,8 km del Tower Bridge está el verdadero puente de Londres. El original se derrumbó, lo que dio lugar a una famosa canción infantil en inglés.

UN HITO DE LA INGENIERÍA

Uno de los mayores retos a los que se enfrentaron los ingenieros del Tower Bridge fue crear un puente que vehículos y gente pudieran usar para cruzar el río, pero que también permitiera a los barcos seguir su camino. La solución fue una estructura levadiza: un puente con dos brazos que se levantan desde el centro hacia ambos lados para dejar pasar los barcos.

EL GRAN ESCENARIO

SUBE A LO MÁS ALTO

Si quieres disfrutar de una actividad emocionante y con buenas vistas, no busques más. En el **O2 Arena** puedes reservar una escalada guiada por la cubierta abovedada del estadio: los escaladores pueden ponerse un arnés y trepar por la cúpula hasta su punto más alto, a 52 m de altura. Desde allí disfrutarás de vistas de 360° de los alrededores. Subir al atardecer, o por la noche para ver las luces de la ciudad, es aún más especial. ¡Incluso podrás disfrutar de una comida en lo alto!

Datos básicos

Aforo del O2 Arena: **20 000 personas**

Número de entradas vendidas en el 2023: **2,5 millones**

Número de 'mástiles': **12**

El estadio del Tottenham Hotspur ofrece una temeraria escalada por una pasarela de cristal.

¡SUBE EL VOLUMEN!

Con una cargada agenda de espectáculos de talla mundial, el O2 Arena es uno de los estadios más concurridos del mundo por el increíble número de entradas que vende. Para ver de cerca grandes eventos deportivos, musicales o de comedia, este es el sitio ideal. Inaugurado en el 2000 como la Cúpula del Milenio antes de reinaugurarse en el 2007, el estadio es casi tan famoso por su cubierta abovedada con "mástiles" como por sus conciertos: aquí han actuado, entre otros, Céline Dion, Lizzo y los Jonas Brothers. Además, el O2 tiene una bolera, varios restaurantes, un gran centro comercial y enormes camas elásticas.

FOTOS: cubierta del O2 Arena (arriba); los Jonas Brothers en el O2 Arena (izda.).

MIRADORES FAMOSOS

El ascensor de alta velocidad del Shard remonta 68 plantas en solo 1 min.

LA PUNTA DE LA PIRÁMI

El **Shard** (esquirla), una auténtica maravilla de la arquitectura moderna, es u reluciente pirámide de cristal que domina la ciudad: con 309,6 m de altura, es rascacielos más alto de Inglaterra. Y, por supuesto, ofrece algunas de las mejores vist de la ciudad. Sube a la plataforma de observación principal, en la planta 69, pc disfrutar de unas vistas que se extienden hasta los 64 km. Luego, ve un paso más all sube hasta la altísima plataforma al aire libre en la punta del edificio, ¡en la planta 7

FOTOS: el Shard (arriba); Piccadilly Circus (pág. siguiente arriba); interior del mercado de Covent Garden (pág. siguiente ab

¡VAYA CIRCO!

Bueno, en realidad no es un circo, pero **Piccadilly Circus** es uno de los mejores lugares de Londres para sentarse y observar el ajetreo urbano. Esta plaza, construida en 1819, a menudo se compara con Times Square (la ajetreada plaza de Nueva York), pero en miniatura. Ciertamente, está abarrotada de gente, tráfico y enormes carteles luminosos de neón. Piccadilly también alberga un ¡teatro subterráneo! Toma asiento junto a la fuente con la estatua de Eros y disfruta viendo pasar a la gente.

Antaño había tazas atadas con cadenas a la base de la fuente de Piccadilly Circus para que la gente pudiera beber agua, pero duraron poco.

DIVIÉRTETE EN EL MERCADO

Al igual que Piccadilly Circus no es un circo, **Covent Garden** no es un jardín. Esta histórica zona está llena de cosas que ver y hacer. Su historia se remonta a 1630, ya hace casi 400 años. Por entonces era una plaza pública. En 1828 se inauguró el mercado de Covent Garden, que, con el tiempo, se convirtió en un ajetreado lugar para ir de compras, comer y ¡divertirse! Quizá puedas ver a malabaristas, acróbatas u otros artistas callejeros frente al mercado, o asistir a un concierto dentro mientras disfrutas de un bocado.

ARTE DE PRIMERA

LO MEJOR DE LO MEJOR

El **Tate Modern,** ubicado en una antigua central eléctrica, es uno de los museos de arte más visitados del mundo. En la construcción de la central se emplearon 4,2 millones de ladrillos e incluye una enorme chimenea. Dentro del museo hay seis escaleras mecánicas y nueve ascensores para que puedas moverte a tu antojo. Se expone arte moderno y contemporáneo, así como piezas interactivas y grandes instalaciones. Aquí podrás ver obras de Pablo Picasso, Yayoi Kusama, Andy Warhol y muchos más. Para vistas a la altura, ve arriba del todo del edificio Blavatnik.

EL PRIMERO

El South Kensington Museum fue el primero en muchas cosas: fue el primer museo de arte en usar alumbrado de gas en sus salas, en coleccionar fotografías como arte y en abrir un restaurante público.

EL MUSEO DE LAS MARAVILLAS

Fundado en 1852 como el South Kensington Museum, el **Victoria and Albert Museum** (V&A) es el museo de arte más grande de Londres y el octavo del mundo. Siendo aún el South Kensington Museum, fue el primer museo del mundo en tener luces de gas en las galerías, lo que le permitía abrir de noche antes de que se inventara la electricidad. En 1857 se trasladó a su ubicación actual, con una imponente arquitectura tanto por dentro como por fuera. Con más de 2,8 millones de objetos, ofrece opciones para todos los gustos, desde moda hasta pintura, escultura y cerámica antigua.

FOTOS: el Tate Modern (arriba); vestidos de la exposición Christian Dior: Designer of Dreams *en el Victoria and Albert Museum (izda.).*

¡A COMER!

FOTO: postre Eton Mess.

LA HORA DEL TÉ

El té es hoy una bebida habitual en todo el mundo, y los británicos la han llevado un paso más allá perfeccionando el tradicional té de la tarde. Aunque puede adoptar muchas formas, el té de la tarde es una merienda que suele incluir *scones* (unos bollitos ligeramente dulces servidos con mermelada y un tipo de nata espesa llamada *clotted cream*). También son muy populares los *finger sandwiches*, sándwiches de bocado sin corteza que se comen con las manos.

Para disfrutar de esta clásica tradición londinense, retrocede en el tiempo en **Twinings,** la tienda de té más antigua de Londres, que lleva abierta ¡más de 300 años! Por toda la ciudad también se celebran tés de la tarde temáticos, pensados para hacerte sentir en un mundo de fantasía: tómate un té con el Sombrerero Loco en uno de *Alicia en el país de las maravillas*, disfruta de dulces exquisiteces en uno de *Charlie y la fábrica de chocolate* o descubre tu lado mágico en uno de *Harry Potter*.

Hay circuitos en autobuses de dos pisos que recorren la ciudad mientras tomas el té.

***FOTO:** un tradicional té de la tarde con* finger sandwiches *y dulces.*

LO MÁS CLÁSICO

¡VAYA DESAYUNO!

No hay nada más clásico que un desayuno inglés completo, también conocido como *fry-up*. Hace siglos probablemente incluía ¡pichón asado, lengua de cordero y riñones a la parrilla! Hoy suele haber salchichas, beicon, huevos fritos, alubias con tomate, champiñones, tomate, tostadas e incluso morcilla (p. 67).

UN FESTÍN DE FRITURA

En el s. XVII, los inmigrantes judíos trajeron a Inglaterra una forma singular de preparar el pescado: friéndolo con un crujiente rebozado con base de harina. Doscientos años más tarde, las patatas fritas también se volvieron muy populares. En algún momento, ambas cosas empezaron a servirse juntas y, en 1860, abrió la primera tienda de *fish and chips*. Actualmente, este plato es tan popular en el Reino Unido que cada año más de 1,6 millones de toneladas de patatas (¡un peso equivalente a más de 4000 aviones jumbo!) se convierten en patatas fritas.

EL GENIAL WELLINGTON

Nadie sabe quién inventó el solomillo Wellington. Puede que tome su nombre del duque de Wellington, que también era un general británico. O puede que lo tome de unas antiguas botas de goma llamadas botas Wellington, ¡porque el plato cocinado se parece a una de estas botas! Sea como sea, este solomillo cubierto con hígado y champiñones, y envuelto en hojaldre, es un plato emblemático en Inglaterra.

FOTOS: desayuno completo inglés (pág. anterior arriba); fish and chips *(pág. anterior abajo); solomillo Wellington (izda.); pudin de Yorkshire (abajo).*

LLENOS DE SABOR

Se cree que, en el s. XVII, los púdines de Yorkshire se cocinaban debajo de la carne asada para recoger los jugos que esta soltaba. ctualmente, suelen servirse acompañando los clásicos asados del domingo, menudo con espesa salsa e carne. Son tan populares que antaño se celebraba na carrera anual de barcas en la que los participantes debían construir ¡una barca e pudin de Yorkshire en la que cupieran y que flotara!

El primer domingo de febrero es el Día Nacional del Pudin de Yorkshire.

COCINA DE FUSIÓN

El pollo *tikka masala* es un plato muy popular en restaurantes de todo el mundo. Este delicioso plato consiste en pollo asado en un tipo de horno llamado *tandoor* y servido en una especiada salsa de tomate y nata.

Nadie sabe a ciencia cierta quién inventó este plato. Algunos historiadores creen que se originó en Pakistán y el norte de la India. Sin embargo, muchos otros piensan que se inventó en Escocia (parte de Gran Bretaña) cuando un chef pakistaní adaptó un curri a los gustos isleños haciéndolo más cremoso y menos picante. Actualmente, el pollo *tikka masala* sigue siendo uno de los platos más populares de toda Gran Bretaña, junto con otras recetas del sureste asiático. De hecho, la londinense calle de Brick Lane es famosa por sus restaurantes indios.

El pollo *tikka masala* es considerado plato nacional de Gran Bretaña.

FOTO: pollo **tikka masala** *con especias y* **naan.**

COMIDA GLOBAL

El sureste asiático no es la única región que ha influido en la cocina inglesa. También hay platos caribeños, como el pollo *jerk* o el curri de cabra. La cocina chino-británica es otra muy popular, con arroces fritos con curri e incluso *chow mein* ¡con patatas fritas!

PLATOS INESPERADOS

¿TE VA LA GELATIN

Este plato puede que te sorprenda por inusual, pero las anguilas en gelatina realidad son tradicionales. En el s. XVIII, muchos londinenses comían anguilas porq tenían mucha proteína y sabor, y eran baratas y abundaban en el Támesis. Una for de hacer que duraran más era convertirlas en una gelatina salada. El pescado se co y se aderezaba con vinagre y condimentos, y al enfriarse, se solidificaba en una visc gelatina. Pero este no es solo un plato del pasado, ya que sigue siendo muy popu

FOTOS: anguilas en gelatina (arriba); desayuno tradicional con morcilla (pág. siguiente arr stargazy pie (pág. siguiente ab

UN PUDIN PECULIAR

ntes de pedirlo, debes saber que
:e denso "pudin" no es un postre.
inque en Gran Bretaña el término
idding" suele usarse para postres
(p. 68), también vale para platos
salados. El *black pudding* no es
más que una especie de morcilla
hecha con carne y sangre animal,
nenudo de cerdo. La sangre suele
cocinarse con harina de avena
ara que espese cuando se enfría.
onsumida al menos desde el s. XV,
sabor se describe como un sabor
a carne y a nuez, a veces con un
ligero regusto metálico.

Según la leyenda, el stargazy pie honra al pescador Tom Bawcock, un héroe del s. XVI que acabó con el hambre en su pueblo de Cornualles trayendo su barca llena de peces.

AL RICO 'PIE'

Si te sirven sin avisar un trozo de *stargazy pie*, puede que te lleves un susto. Así es: esta tarta salada se presenta con varias cabezas de pescado sobresaliendo de la masa, mirando hacia las estrellas. Este histórico y sorprendente plato se originó en Cornualles y actualmente es difícil de encontrar. Pero no te preocupes, aún puedes probarlo en ciertas épocas del año: encontrarás esta delicia en varias tiendas de Londres durante la British Pie Week, a principios de marzo.

DULCES TENTACIONES

A un postre británico llamado pudin de Navidad, a base de frutos secos y especias, ¡se le prende fuego antes de servirlo!

PUDIN-ES

A excepción del pudin de Yorkshire y el *black pudding*, en Inglaterra la palabra *"pudding"* suele referirse a un postre. Asegúrate de probar algunos de los pudines más populares mientras visitas la ciudad. El pudin de tofe es un pastel hecho con pegajosos dátiles y cubierto de salsa de tofe. De forma similar, el *banoffee pie* toma su nombre de sus dos ingredientes principales: banana y tofe. Si estos postres no te llaman la atención, prueba el Eton Mess, un postre a base de capas de merengue, nata montada y fresas. ¡Mmm!

GALLETAS DE UNA REINA

Según la tradición local, Isabel I ayudó a inventar el hombre de pan de jengibre cuando ordenó hacer unas galletas de jengibre que se parecieran a los visitantes de su corte para ofrecérselas como regalo.

GALLETAS DE POSTRE

¿Te apetecen unas galletas? Su nombre en inglés, *biscuit*, procede de las palabras francesas para "cocido dos veces". ¡Son deliciosas y hay muchas para elegir! Las galletas de mantequilla son mantecosas y quebradizas; las integrales de chocolate son semidulces y llevan un glaseado de chocolate. Y luego están las Hobnob de avena, que, según algunos estudios, figuran entre las mejores para mojar en el té, una tradición muy popular que hace que las galletas se ablanden ¡e incluso que el té se endulce! Puedes comprar galletas en supermercados y tiendas especializadas de todo Londres. Mira a ver cuántos tipos puedes probar ¡e intenta elegir tu favorita!

FOTOS: **banoffee pie *(arriba); galletas de mantequilla (izda.).***

EL VIEJO TÁMESIS

FOTO: cruzando el Támesis por el puente del Milenio.

FLUYENDO DURANTE SIGLOS

En 1014, Etelredo II recuperó Londres, entonces en manos de los invasores vikingos, remontando el Támesis.

UNA MARAVILLOSA VÍA NAVEGABL

El Támesis ya atravesaba el centro de Londres incluso antes de que existiera la ciudc La historia de Londres se remonta 2000 años atrás, cuando los romanos lo surcar aguas arriba y fundaron Londinium. A lo largo de los siglos, diferentes gobernantes, cor Athelstan, el primer monarca de Inglaterra, y Guillermo el Conquistador, un rey invas procedente del norte de Francia, fundaron importantes asentamientos a orillas del r En el s. XVII, el río también se convirtió en una importante vía comercial. Actualmen algunos de los mejores puntos de interés de la ciudad están junto a sus agu

***FOTOS:** ilustración de un barco romano en Londinium (arriba); cisnes en el Támesis (pág. siguiente arrib viñeta de 1859 donde aparece la figura del Padre Támesis (pág. siguiente aba*

FUENTE DE VIDA

A pesar de estar en medio de la ciudad, el Támesis alberga una una increíble. Además de muchas especies de peces, como anguilas, platijas o mújoles, se cuentan multitud de aves y mamíferos narinos. Si mantienes los ojos bien abiertos quizá veas gansos, cisnes, rzas e incluso halcones peregrinos revoloteando en círculos sobre las aguas del río. Y si tienes suerte, puede que incluso llegues a divisar focas comunes y grises, y hasta marsopas y delfines mulares.

No lejos de Londres, el estuario del Támesis es un importante hábitat para caballitos de mar, nutrias y cinco especies de tiburón, entre otros.

RESCATE DEL RÍO

Actualmente, ecologistas y autoridades gubernamentales hacen todo lo posible por mantener el Támesis limpio y vivo. Pero no siempre fue así. Durante gran parte de la historia, la gente tiraba al río la basura, aguas residuales incluidas. Debido al aumento de la población, esta circunstancia desembocó en un enorme problema y en 1858 provocó el llamado Gran Hedor (o Peste) de Londres. El agua estaba tan sucia y contaminada que apestaba por doquier, tanto que muchos miembros del vecino Parlamento huyeron de Londres. Afortunadamente, esto llevó a las autoridades a tomar medidas para limpiar sus aguas.

MÁS QUE UNA TORRE

UNA ANTIGUA FORTALEZA

La **Torre de Londres** en realidad es un castillo concéntrico con varios anillos de defensas que tardó en construirse más de 20 años. Las obras se iniciaron en la década del 1070, hace más de 900 años, cuando Guillermo el Conquistador ordenó construir una fortaleza a orillas del Támesis. A lo largo de los siglos se ha usado como fortaleza, palacio y cárcel.

RESIDENCIA REAL

Con el paso del tiempo, la Torre de Londres se convirtió en mucho más que una simple fortaleza. En el s. XIII, bajo el reinado de Enrique III, ya era un palacio real, que incluía aposentos, un gran salón, cocinas y demás. Hasta albergaba la Royal Menagerie, ¡un zoo real privado (p. 99)! Adem el lugar se amplió para albergar una armería y una ceca donde acuñar monedas.

FOTOS: exterior de la Torre de Londres (arriba dormitorio de Eduardo I en la Torre de Londre (izda.); retrato de Ana Bolena, segunda esposa de Enrique VIII (pág. siguiente arriba); corona imperial (pág. siguiente abajo).

HISTORIAS ESPELUZNANTES

Además de su impresionante pasado, la Torre de Londres tiene una historia menos amable: sirvió como cárcel y lugar de ejecución, y hasta tenía una cámara de tortura. Según la leyenda, algunos huéspedes han visto los fantasmas de los que murieron de forma prematura en el lugar. Uno de los más famosos es el fantasma de Ana Bolena, segunda esposa de Enrique VIII, que fue decapitada aquí mismo.

La Torre alberga cuervos cuidados por un maestro oficial.

CIRCUITOS POR LA TORRE

La Torre de Londres lleva abierta a los visitantes ¡desde el s. XVIII! Actualmente, más de tres millones de personas la visitan cada año para descubrir cómo debía de ser la vida en ella a lo largo de los siglos. Los visitantes pueden ver recreaciones, armas antiguas e incluso las relucientes joyas de la Corona, ya que el lugar se usa también para proteger los tesoros de los monarcas de Inglaterra.

CATEDRAL DE ST. PAUL

La historia de la **catedral de St. Paul** es anterior al edificio actual. La primera estructura conocida en el lugar fue una catedral cristiana dedicada san Pablo en el 604. Tras incendiarse, se construyó otra que fue saqueada por los vikingos en el 962. Una tercera catedral, levantada en el 1087, ¡también se incendió! A finales del s. XII se construyó una cuarta catedral, conocida como la vieja St. Paul. Permaneció en pie casi 500 años hasta que en 1666 el Gran Incendio de Londres asoló la ciudad.

En 1668 se iniciaron las obras de la nueva St. Paul, que incluía la cúpula que aún motea la silueta de Londres. Puedes subir a lo alto de esta última, una de las cúpulas más grandes del mundo, donde está plataforma de observación de la galería Dorada, con fabulosas vistas. También está la galería de los Susurros: un corredor circular, subiendo hacia la cúpula, donde cualquier cosa susurrada frente a una pared puede oírse frente a otra ¡a 34 m de distancia!

Los restos de sir Alexander Fleming, el científico que descubrió la penicilina, descansan en la catedral de St. Paul.

FOTO: catedral de St. Paul.

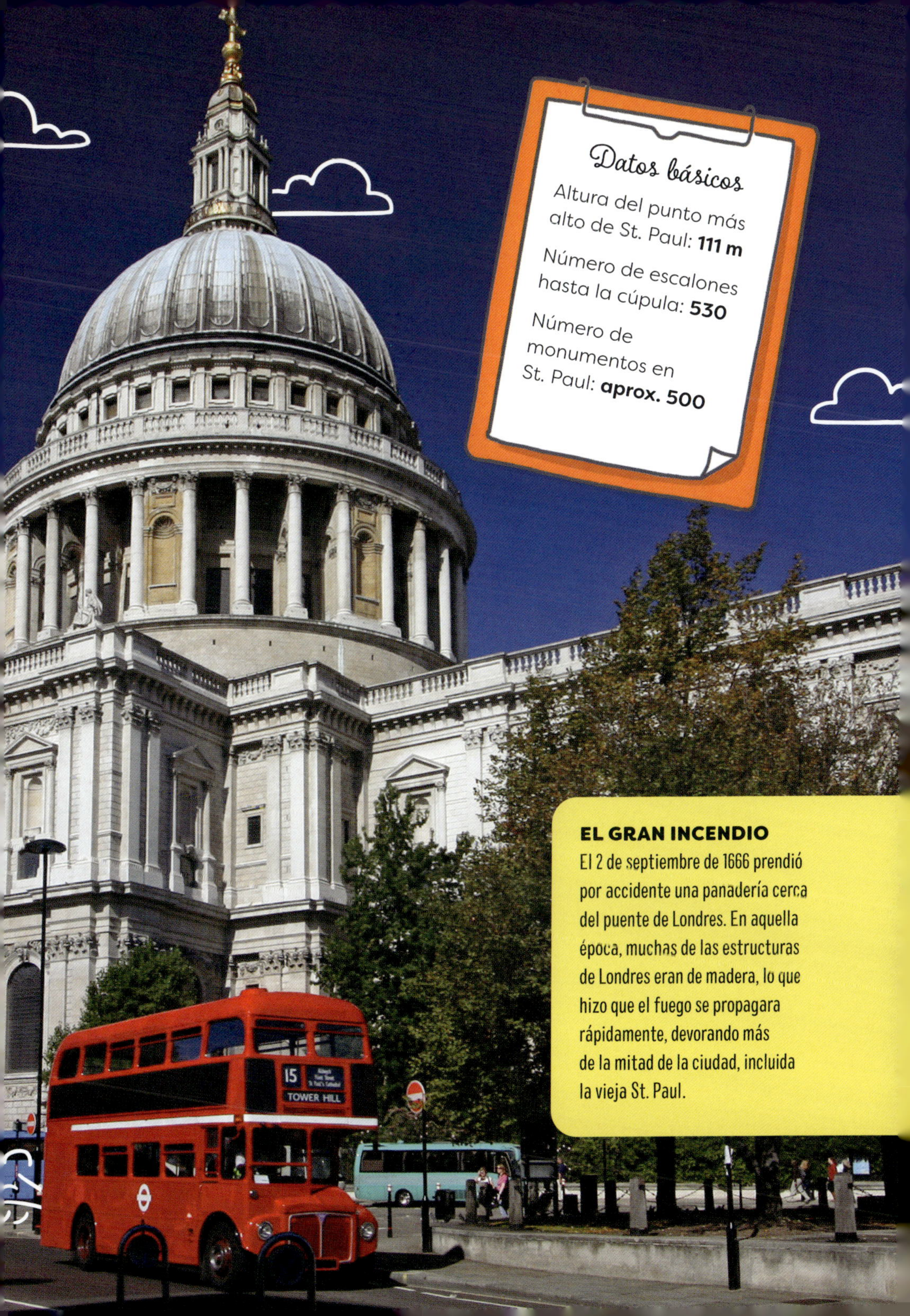

Datos básicos

Altura del punto más alto de St. Paul: **111 m**

Número de escalones hasta la cúpula: **530**

Número de monumentos en St. Paul: **aprox. 500**

EL GRAN INCENDIO

El 2 de septiembre de 1666 prendió por accidente una panadería cerca del puente de Londres. En aquella época, muchas de las estructuras de Londres eran de madera, lo que hizo que el fuego se propagara rápidamente, devorando más de la mitad de la ciudad, incluida la vieja St. Paul.

RECORRE TRAFALGAR SQUARE

UNA PLAZA CON HISTORIA

Antes de ser la amplia plaza que es, **Trafalgar Square** albergaba los Royal Mews (establos reales), hasta que, a principios del s. XIX, se trasladaron al palacio de Buckingham (pp. 86-87), y la zona se convirtió en una plaza. La columna de Nelson, que domina la explanada, honra la victoria de 1805 del almirante británico Horatio Nelson en la batalla de Trafalgar. El monumento mide 56 m, lo que equivale a la altura de ¡18,5 canastas de baloncesto!

REYES LEONES

Entre las atracciones más visitadas de Trafalgar Square están las cuatro grandes estatuas de bronce de cuatro leones. Situados en la base de la columna de Nelson, estos felinos se erigieron también en honor al almirante Nelson. Actualmente, los leones custodian la columna y están en un lugar ideal para hacerse una foto.

Existe una interesante leyenda sobre los cuatro leones: se dice que si el Big Ben (pp. 80-81) alguna vez sonara 13 veces, los leones cobrarían vida.

ESCULTURAS CHISPEANTES

¡Sirenas, delfines y tiburones en la ciudad! Las fuentes de Trafalgar Square incluyen criaturas marinas que parecen a punto de zambullirse en el agua. Estas fuentes se construyeron en 1845 como una forma de llenar espacio y evitar que la gente se congregara para protestar contra el Gobierno. En la década de 1930 fueron rediseñadas y se les añadieron elementos decorativos. Es imprescindible visitarlas al oscurecer, ¡cuando se iluminan!

Trafalgar Square albergó la comisaría más pequeña de Londres: un puesto de vigilancia en la base hueca de una farola. Más o menos del tamaño de un armario, solo podía acoger a dos detenidos a la vez.

UNA PAUSA ARTÍSTICA

No solo hay mucho que ver en la plaza, sino también en sus ·ededores. En la cercana **National Portrait Gallery** se muestran más · 1000 retratos (óleos, fotografías, esculturas y dibujos incl.), algunos · los cuales ¡de más de 1000 años! El primer retrato de la galería, ·undada en 1856, fue el de William Shakespeare, pintado en 1610. El cuadro más alto mide 4 m, ¡y el más pequeño es del tamaño de una uña del pulgar!

FOTOS: fuentes de Trafalgar Square ·ág. anterior arriba); león de Trafalgar Square ·ág. anterior abajo); decoraciones añadidas a las fuentes de Trafalgar Square (arriba); la National Portrait Gallery (dcha.).

LOS MÁS PODEROSOS

EL RELOJ MÁS GENIAL

El **Big Ben** quizá sea el mayor emblema de Londres. Esta torre del reloj, parte del Parlamento, en realidad se llama torre de Elizabeth: su apodo, Big Ben, es el nombre de la campana que suena. Cuando se inició la construcción del actual Parlamento en 1837, los arquitectos también diseñaron una gran torre del reloj y una enorme campana. Pero la campana no salió bien al primer intento, se resquebrajó y hubo que fundirla de nuevo. La segunda también se agrietó, pero se le colocó un badajo más ligero y se giró la campana para que el golpeo se produjera en la parte intacta. ¡Esa es la campana que aún se escucha hoy!

Datos básicos

Peso de la campana Big Ben: **13,7 t**

Altura de la campana: **2,2 m**

Diámetro de la campana: **2,7 m**

:REACIÓN DE UN GOBIERNO

n 1295 se convocó el llamado Parlamento odelo, formado por consejeros del rey representantes locales. Con el tiempo, Parlamento se convirtió en un órgano e gobierno que, a veces, apoyaba rey y, otras, no. En el s. XVIII, el poder e la monarquía había disminuido y Parlamento se convirtió en el rincipal órgano de decisión.

ECHA UN VISTAZO AL PARLAMENTO

El Parlamento, oficialmente conocido como **palacio de Westminster,** es el lugar donde se reúne y trabaja el Gobierno británico. El palacio se construyó originalmente en el s. XI y sirvió como residencia real durante 400 años. En el s. XVI, el rey Eduardo VI permitió a su Parlamento usar partes del palacio. En 1834, todo el edificio quedo arrasado por un incendio, y entonces se construyó la versión del palacio de Westminster que puedes ver hoy en día, ¡con 1100 salas, más de 100 escaleras y kilómetros de pasillos!

***FOTOS:** vista de cerca de la esfera del reloj del Big Ben (arriba); el palacio de Westminster desde la otra orilla del Támesis (izda.).*

HAZTE A LA MAR

ATANDO CABOS

A partir del s. XVII, Gran Bretaña se convirtió en una de las principales potencias navales del mundo, llegando a poseer la flota más grande y poderosa. Su fascinante historia se ilustra a orillas del Támesis, en el **National Maritime Museum,** donde podrás descubrir épicas historias de exploración marítima, desde cómo se orientaban los marineros usando las estrellas hasta réplicas de barcos centenarios.

A POR EL ORO

Descubre un pedazo de historia viva visitando este impresionante e histórico barco atracado en el Támesis. Sube a bordo del **‘Golde Hinde’**, una réplica del galeón isabelino capitaneado por el legendario explorador y corsario británico sir Francis Drake. Conoce actores vestidos de época y apren más sobre la vida en el barco.

El *Golden Hinde* fue el primer barco británico en circunnavegar la Tierra o dar la vuelta al mundo.

TODOS A CUBIERTA

Para saber más sobre las batallas navales de la II Guerra Mundial, monta en el HMS 'Belfast', construido en 1936, y explora sus nueve cubiertas para descubrir cómo comía, vivía y combatía su tripulación. Un simulador permite que pongas a prueba tus habilidades manejando el barco, y hasta puedes sentarte en la silla del capitán.

***FOTOS:** exterior del National Maritime Museum (pág. anterior arriba); réplica del* **Golden Hinde** *(pág. anterior abajo); el HMS* **Belfast** *frente al Tower Bridge (izda.); el* **Cutty Sark** *(abajo).*

Un corsario era un tipo de pirata que contaba con la aprobación del Gobierno para atacar barcos mercantes enemigos.

¡A TODA VELA!

Si prefieres la navegación a vela, embárcate en el **'Cutty Sark'**, un velero tipo clíper del s. XIX diseñado para surcar las aguas a toda velocidad y transportar nercancías, como té. Actualmente, los visitantes se encuentran con actores disfrazados de personajes históricos y pueden divertirse con juegos interactivos mientras xploran el barco, e incluso caminar por debajo del barco para ver su singular casco de cobre.

En su viaje inaugural en 1870, el Cutty Sark fue de Londres a Shanghái, en China.

LUGARES MUY REALES

FOTO: desfile del cumpleaños de la reina frente al palacio de Buckingham.

DIGNO DE LA REALEZA

El palacio de Buckingham tiene 775 habitaciones (¡78 baños incl.!).

BÁSICOS SOBRE BUCKINGH

En Londres hay muchos palacios (pp. 90-91), pero el de **Buckingham** es el palacio
excelencia: ha sido la residencia real desde principios de la década de 1820, cuar
el rey Jorge IV tenía aquí una mansión que se convirtió en lo que hoy es. El luç
también es sede de muchas celebraciones nacionales y ceremonias reales. En cier
épocas del año, puedes visitar 19 estancias públicas, incluido el salón del tro
y contemplar los tesoros de la Royal Collection, como un piano de cola cubierto de c
cuadros de artistas famosos o tronos, p. ej., el que se hizo para la reina Victoria en 18

***FOTOS:** palacio de Buckingham (arriba); carruaje de coronaciones reales en los Royal Mews (pág. siguie arriba); parte de la ceremonia del cambio de guardia en el palacio de Buckingham (pág. siguiente ab*

LOS VECINOS

irígete a los **Royal Mews** o establos
reales. Estos establos se instalaron
aquí en 1825, pero antes existieron
durante más de cuatro siglos en
lo que ahora es Trafalgar Square.
ctualmente, los Royal Mews se han
ampliado e incluyen todo tipo de
nedios de transporte reales, desde
arrozas tiradas por caballos hasta
vehículos a motor. Destaca el Gold
ate Coach, un carruaje totalmente
orado que tiene más de 260 años y
n se utiliza en ocasiones especiales.

Los guardias de a pie llevan los mismos sombreros altos de piel de oso desde hace más de 200 años.

RITUAL REAL

Una de las cosas más famosas que hacer en el palacio de Buckingham es ver el cambio de guardia. Desde el s. XVII, los soldados conocidos como guardias de a pie han custodiado las residencias reales. El cambio de guardia, o relevo de la guardia, es una ceremonia en la que los soldados que están de guardia (la Vieja Guardia) son reemplazados por nuevos soldados (la Nueva Guardia). Los visitantes pueden ver la ceremonia, que tiene lugar varias veces a la semana y dura unos 45 min.

Tradicionalmente, se espera que la Guardia Real permanezca muy quieta y evite sonreír, reír o hablar.

UNA ABADÍA ASOMBROSA

La **abadía de Westminster** acoge las coronaciones del país, además de muchas otras ceremonias nacionales, como las bodas reales.

La primera coronación oficial que tuvo lugar en la abadía fue la de Guillermo I, también conocido como Guillermo el Conquistador, un rey que marcó la historia de Inglaterra. Guillermo era duque de Normandía, una zona del norte de Francia. En el 1066 invadió Inglaterra venciendo a los sajones y fue coronado rey de Inglaterra el día de Navidad de ese mismo año.

Si en la nave miras hacia arriba, verás la "puerta al Cielo", una puerta que conduce al tejado de la abadía. Es bajo esta puerta donde se corona al nuevo monarca.

Entre toda la majestuosidad del templo destaca un elemento muy simple: la puerta más antigua de Gran Bretaña. Usada como entrada a la sala capitular, su madera se taló después de 1032 y la propia puerta se hizo en la década de 1050, así que ¡casi tiene 1000 años!

Datos básicos

Número total de coronaciones: **39**

Número de bodas reales: **16**

Número de personas enterradas en la abadía: **más de 3300**

FOTO: funeral de la reina Isabel II en la abadía de Westminster.

RINCÓN DE LOS POETAS

Hay muchos famosos enterrados en la abadía de Westminster, incluidos célebres poetas y escritores, como Geoffrey Chaucer, William Shakespeare (p. 44), Jane Austen y Charles Dickens, y compositores, como Georg Friedrich Händel.

¡ESTAS RESIDENCIAS MOLAN!

RELÁJATE EN WINDSOR

A 1 h de la ciudad al volante o en tren, el **castillo de Windsor,** histórica residencia real durante más de 900 años, fue encargado por Guillermo el Conquistador (p. 88) y era parte de los nueve castillos defensivos que formaban un anillo alrededor de Londres. El castillo alberga la cocina en uso continuo más antigua del país: ¡lleva en funcionamiento más de 650 años!

Muchas bodas reales se han celebrado en la capilla de St George del castillo de Windsor, incluida la del príncipe Enrique y Meghan en el 2018.

VISITA KENSINGTON

Construido en el s. XVII, el **palacio de Kensington** empezó siendo una pequeña villa. Fue la reina María II la que la transformó en un palacio. Ella y su esposo, el rey Guillermo III, usaron su nuevo y lujoso hogar para celebrar grandes bailes. Más tarde, rey Jorge I encargó unos frescos para la llamada escalera del Rey, incluida representaciones a tamaño real de miembros de su corte. Actualmente es la residencia oficial de Guillermo y Catalina, príncipes de Gales.

La sala de las Joyas alberga una tiara de esmeraldas, regalo del príncipe Alberto a la reina Victoria en 1845.

EL HISTÓRICO HAMPTON COURT

A diferencia de otras residencias reales, en el palacio de Hampton Court ya no vive nadie. Este gran palacio se construyó a principios del s. XVI para el rey Enrique VIII y también acogió a otros miembros de la dinastía Tudor, como Isabel I. Además de por su histórico Gran Salón y cocinas, Hampton Court es famoso por su laberinto de setos, el más antiguo del país.

Hampton Court celebra cada año su festival de tulipanes.

MI CASA

El **palacio de Kew** se construyó en el s. XVII para un comerciante de seda de Londres. Luego, esta imponente mansión roja, en los **Kew Gardens,** se convirtió en una residencia de verano del rey Jorge III, la reina Carlota y su amilia. En los terrenos del palacio, cerca de la casa de campo de la eina Carlota, antaño había cisnes, búfalos, canguros (los primeros en Gran Bretaña) e incluso cuagas, una subespecie extinta de cebra.

FOTOS: capilla de St George en el castillo de Windsor (pág. anterior arriba); palacio y jardines de Kensington (pág. anterior abajo); laberinto de setos en Hampton Court (arriba); Kew Gardens (dcha.).

MUSEOS MAJESTUOSOS

TESOROS DE REYES

En el palacio de Buckingham (pp. 86-87), la **King's Gallery** (anteriormente la Queen's Gallery) es un fabuloso museo que exhibe objetos de la Royal Collection, que incluye más de un millón de artículos de los monarcas británicos de los últimos 500 años. A pesar de tan resplandeciente contenido, su origen es más inquietante. En el s. XVII, Inglaterra se vio asolada por una serie de guerras civiles entre el rey Carlos I y el Parlamento. El rey fue ejecutado en 1649 y gran parte de las pertenencias reales se vendieron. La Colección Real se creó cuando se reinstauró la monarquía en 1660.

Jorge III compró un retrato de los fundadores de la Royal Academy por 500 guineas, unas 65 000 £ de hoy.

En la tienda de la King's Gallery hay versiones de peluche de los perros de la difunta reina Isabel II.

VUELTA AL COLE

La **Royal Academy of Arts** fue fundada en 1768 por el rey Jorge III y un grupo de 36 artistas y arquitectos como escuela y galería, como sigue siendo. Es la escuela de arte más antigua de Gran Bretaña. Aquí verás arte de todo tipo, desde escultura y pintura hasta fotografía e increíble arquitectura. Con una colección de más de 46 000 objetos, hay mucho por explorar. La academia también alberga el *Tondo Taddei,* la única escultura en mármol que hay en el Reino Unido del gran artista y escultor italiano Miguel Ángel.

***FOTOS:** King's Gallery, palacio de Buckingham (arriba); Royal Academy of Arts (izda.).*

PARQUES Y JARDINES

NATURALEZA NOB

En 1660, el rey Carlos II creó **Green Park,** que conecta Hyde Park con St James's Pa para poder dar sus paseos diarios. Durante siglos, la realeza ha disfrutado la naturaleza sin salir de Londres. Actualmente, muchos de esos espacios se h convertido en parques públicos, oficialmente conocidos como **Royal Parks.** Adem de Green Park, hay otros siete Parques Reales en la capital. Uno de ellos el cementerio de Brompton, donde no solo hay enterrados personajes ilustres, si también catacumbas cerradas con puertas de hierro fundido con serpientes tallad

FOTOS: Green Park (arriba); St James's Park (pág. siguiente arriba); Kensington Gardens (pág. siguiente ab

DE LA CAZA AL OCIO

Situado cerca de tres palacios
ales, **St James's Park** es el Parque
Real más antiguo de Londres.
Fue creado en 1532 por el rey
nrique VIII, que quería otro parque
de ciervos para sus cacerías. El
parque también se convirtió en un
lugar ideal para celebrar fiestas,
festivales y justas. Actualmente,
sus terrenos son famosos por su
paz y ambiente solaz, al menos
uando no hay ninguna ceremonia
eal. Mantén los ojos bien abiertos
para ver pelícanos, sospechosos
habituales del lugar desde 1664.

HERMOSAS FLORES

Creados por la reina Carolina en el s. XVIII, los **Kensington Gardens** son famosos por su excepcional belleza. Este parque, que antaño formaba parte del palacio de Kensington (p. 90), alberga enormes e históricos árboles enmarcando parterres de flores de vivos colores y sofisticadas fuentes, campos de flores silvestres y una gran cantidad de fauna, incluidos zorros, aves y ardillas.

EL LADO MÁS SALVAJE

FOTO: tigre en el zoo de Londres.

ANIMALES INCREÍBLES

Inaugurada en 1853, la "Casa de los Peces" fue el primer acuario público del mundo.

¡ATRÉVET

Si te gustan los animales, no te pierdas el **zoo de Londres,** con 200 añ de historia ¡y más de 10000 animales! Observa de cerca un gorila de montañ mira cómo juegan los licaones o escucha rugir a los leones. También descubri cómo el zoo se preocupa por las especies amenazadas, como el tigre de Sumat y ayuda a reintroducir animales en la naturale

***FOTOS:** jirafas del zoo de Londres (arriba); tanuue del London Aquarium (pág. siguiente arri vieja ilustración del zoo en la Torre de Londres (pág. siguiente ab*

¡SUMÉRGETE!

El **SEA LIFE London Aquarium** alberga más de 6000 animales. ayas, tiburones, pingüinos y focas son solo algunas de las que verás. ¡Y no te pierdas el túnel de cristal ubmarino! Mira hacia arriba para er majestuosas criaturas marinas adando ¡por encima de ti! Y luego está el paseo de los tiburones: un suelo de cristal donde puedes ver tiburones nadando a escasos centímetros bajo tus pies.

UN ZOO IMPONENTE

Aunque el zoo de la Torre de Londres (pp. 74-75) ya no existe, allí vivieron animales salvajes durante casi 600 años. En 1252, el rey de Noruega le regaló a Enrique III un gran oso blanco, probablemente uno polar, al que se le permitía ¡nadar y pescar en el Támesis!

DATE UN CHAPUZÓN

Un lugar muy popular para bañarse en el norte de Londres, a menos de 6,4 km del centro de la ciudad, es **Hampstead Heath,** un parque natural famoso por sus estanques.

La primera mención documentada de este brezal aparece en crónicas de 1543, cuando sus manantiales suministraban agua a la ciudad. En esa época estaba prohibido cazar allí. La única partida de caza permitida era la del rey Enrique III. Más tarde, artistas y escritores empezaron a visitar la zona, que se convirtió en parque protegido en el s. XIX.

Aquí, los arqueólogos han encontrado herramientas usadas por gente que vivió en la zona en la Edad de Piedra. También se dice que Hampstead Heath inspiró al escritor C. S. Lewis para escribir *Las crónicas de Narnia.*

Actualmente, el parque incluye tres estanques naturales ideales para bañarse, ¡aunque el agua puede estar muy fría! En Hampstead Heath también hay una piscina artificial al aire libre, ideal también para darse un chapuzón.

***FOTO:** estanque de baño en Hampstead Heath.*

Datos básicos
Tamaño de Hampstead Heath: **320 Ha**
Número de especies de mariposas: **28**
Número de especies de aves: **180**

NATURALEZA BAJO TECHO

¡LAGARTO, LAGARTO!

Llueva o haga sol, siempre puedes visitar el **Natural History Museum,** que incluye un esqueleto de ballena azul de 25 m. Retrocede en el tiempo hasta la era de los reptiles o contempla preciosas gemas y minerales en la galería Earth's Treasury. La colección del museo consta de ¡80 millones de objetos! Para estudiar y cuidar de todo ello, el museo tiene 900 empleados.

En el Natural History Museum, el meteorito de Imilac es tan antiguo como el universo conocido.

PONTE CREATIVO

Los terrenos donde se halla la **Dulwich Picture Gallery** eran propiedad de Edward Alleyn, un famoso actor del s. XVII y uno de los favoritos de la reina Isabel I. Actualmente alberga 600 obras maestras de la pintura. Cuando se inauguró en 1817, fue la primera galería pública de arte del mundo. También tiene un mausoleo en el que están enterrados sus tres fundadores.

VIAJA AL PASADO

En el **British Museum,** que alumbra dos millones de años de historia de nuestro planeta, te sentirás como si retrocedieras en el tiempo. Este emblemático destino londinense ¡tiene más de 250 años de antigüedad! En funcionamiento desde 1753, ostenta el título de Museo Nacional Público más antiguo del mundo. En el museo vivió un gato llamado *Mike,* que vigiló el edificio de 1909 a 1929.

GRANDES IDEAS

Es hora de disfrutar de la gran pantalla, ¡nunca mejor dicho! El **BFI IMAX** de Londres tiene la ›antalla más grande de la ciudad: con 20 m tanto de alto como de largo, es casi tan alta como ¡cinco utobuses de dos pisos! Ofrece una xperiencia inmersiva con películas sobre naturaleza que te llevan oor el helado Ártico, hasta la Luna o bajo el mar. ¡También proyecta grandes éxitos de taquilla!

***FOTOS:** esqueleto de ballena en el Natural tory Museum (pág. anterior arriba); interior de Dulwich Picture Gallery (pág. anterior abajo); construcción de un yelmo del s. VII en el British Museum (arriba); exterior del BFI IMAX (dcha.).*

FAUNA LONDINENSE

Se estima que por la ciudad deambulan unos 10 000 zorros.

VIDA URBANA

Londres es una ciudad muy ajetreada, y también llena de animales, sobre todo de aves. No importa dónde estés: tanto en las zonas más urbanas como en en las más verdes, verás palomas y gorriones. Pero si abres bien los ojos, quizá avistes también mochuelos, gansos, martines pescadores, halcones, estorninos o periquitos. Y por los parques de la capital merodean zorros, ciervos, erizos y tejones, así como muchos polinizadores, como abejas y murciélagos. ¡Disfrútalos desde la distancia!

Datos básicos

Número de especies de ciervos en Londres: **6**

Número de especies de plantas y animales en Londres: **14 000**

Porcentaje de Londres cubierto de vegetación o agua: **aprox. 48%**

En Gran Bretaña hay una especie de gato montés: el de Escocia.

DE SAFARI

¿Quieres hacer tu propio safari urbano? Visita algunos de los mejores lugares de Londres para ver fauna local. Primera parada: **Bushy Park,** un Parque Real (pp. 94-95). Mantente bien alerta por si aparece algún ciervo o erizo, así como serpientes, insectos y aves. Luego, acércate al **London Wetland Centre** para ver aves raras, como aviones zapadores, archibebes y avetoros. Y no olvides pasar por el hábitat de las nutrias: aunque no son autóctonas, no querrás perderte a la juguetona nutria asiática de uñas cortas. Por último, pásate por **Greenwich Peninsula Ecology Park** para ver ranas, tritones y libélulas.

***FOTOS:** zorro rojo en un patio de Londres (arriba); ciervos rojos en el Bushy Park (izda.).*

GRANDES CELEBRACIONES

FUEGOS ARTIFICIALES

Si estás en Londres por Nochevieja, ¡qué suerte tienes! La ciudad ofrece un magnífico espectáculo pirotécnico sobre el Támesis cerca del London Eye (pp. 48-49) con miles de fuegos artificiales, acompañados por el tañido de las campanadas del Big Ben (pp. 80-81) a medianoche.

BIENVENIDOS AL AÑO NUEVO LUNAR

Celebrado normalmente a finales de enero o principios de febrero er China y muchos lugares del extren oriente de Asia, el Año Nuevo luna (o Año Nuevo chino) marca la primera luna nueva del calendaric lunisolar. Únete a esta celebraciór en el West End londinense, donde la gente recibe al nuevo año con desfiles, disfraces, enormes marionetas, música y baile.

***FOTOS:** fuegos artificiales sobre el Parlamentc (arriba); marioneta de un dragón en las celebraciones del Año Nuevo lunar (izda.); bailarina en el Carnaval de Notting Hill (pág. siguiente arriba); celebraciones del Diwc en Trafalgar Square (pág. siguiente abajo).*

Cada año, más de un millón de personas asiste al Carnaval de Notting Hill.

CARNAVAL A TODO COLOR

Desde 1966, el Carnaval de Notting Hill festeja la historia y la influencia de la cultura caribeña en Londres. Suele celebrarse el último fin de semana de agosto y en él coinciden enormes desfiles, música animada, comida y bebida típicas del Caribe, y, por supuesto, disfraces de vivos colores.

BAILA EN EL DIWALI

En otoño, dirígete a Trafalgar Square (pp. 78-79) para celebrar el Diwali, una fiesta hindú conocida como el Festival de las Luces. Esta fiesta, una de las más grandes de la India, ahora se celebra en muchos lugares del mundo, también en Londres. Incluye espectáculos de comedia, baile y marionetas, grandes desfiles y puestos con deliciosa comida.

LONDRES VERDE

FOTO: cisnes, gansos y patos en un parque de Londres.

DE PASEO POR EL PARQUE

UN PARQUE CON HISTORI

Hyde Park, el más grande de los ocho Parques Reales (pp. 94-95) del cent de Londres, es un lugar increíble y con una historia asombrosa. Sus terren primero fueron usados por los monjes de la abadía de Westminster. En 153 el rey Enrique VIII se apropió de ellos y los convirtió en un coto de caza privad Luego, fueron rediseñados en el s. XVIII por la reina Carolina, y en 1851 de nue para la Gran Exposición de Londres: 5000 obreros tardaron cinco mes en construir el salón de exposicion

***FOTOS:** gente disfrutando en Hyde Park (arriba); feria navideña en el Hyde Park Win Wonderland (pág. siguiente arriba); retrato de Karl Marx (pág. siguiente aba*

IDEAL EN CUALQUIER ÉPOCA

¿Es un caluroso y húmedo día de verano? ¿O quizá una fría jornada de invierno? No importa, Hyde Park es ideal siempre. En verano hay conciertos; entre los artistas que han actuado aquí se incluyen grupos legendarios, como Queen y los Rolling Stones. Y el **lago Serpentine,** largo y estrecho como una serpiente, de ahí su nombre, es ideal para darse un refrescante baño. En invierno, el lago alberga una carrera de natación que se celebra el día de Navidad. ¡Brrrrr!

El lago Serpentine se extiende hasta los Kensington Gardens, donde toma otro nombre: Long Water.

EL PARQUE DE LA GENTE

Hyde Park tiene mucha historia. El Speaker's Corner ha sido un lugar que ha acogido discursos públicos, protestas y manifestaciones desde la década de 1870. A pesar de sus espantosos orígenes (estaba cerca de una zona donde los presos a menudo eran ejecutados), se convirtió en un sitio importante en la historia de Londres, acogiendo a sufragistas, debates públicos y discursos de filósofos políticos, también de Karl Marx.

VISITA GREENWICH

CAMBIOS DE USO

Como el Parque Real (pp. 94-95) cercado más antiguo de Londres, esta tranquila zona verde también es uno de los lugares con más historia de la ciudad. Cementerio sajón en el s. VI, **Greenwich Park** fue cercado en 1433 y en el s. XVI se convirtió en otro coto de caza de Enrique VIII. En el s. XVII volvió a ser transformado y, luego, se le añadieron zonas de césped, avenidas de árboles y parterres de flores antes de abrirse al público en el s. XIX. Se cree que algunos de los ciervos actuales del parque pueden ser descendientes de los primeros que trajo al lugar Enrique VIII.

***FOTOS:** el museo Queen's House en Greenwich Park (dcha.); el Royal Observatory de Greenwich Park (abajo).*

El reloj Shepherd Gate Clock del Royal Observatory tiene una esfera de 24 h en lugar de una de 12.

Datos básicos

Tamaño de la lente del telescopio: **71 cm**

Tamaño del tubo del telescopio: **8,5 m**

Número de pares de estrellas, o estrellas dobles, observados: **150 000**

ESTUDIA EL CIELO

El **Royal Observatory** se construyó en Greenwich Park en 1675. Primero fue el observatorio privado del astrónomo real John Flamsteed, que realizó más de 50 000 observaciones de la Luna y las estrellas. Actualmente, este histórico edificio exhibe lo último en astronomía, así como instrumentos del pasado. El Gran Telescopio Ecuatorial, que está alineado con el eje de la Tierra y se mueve en paralelo al ecuador, rota de este a oeste para observar el cielo nocturno en movimiento. En el planetario puedes maravillarte con las estrellas. El meridiano de Greenwich también está fijado aquí: es el punto que usan los geógrafos para medir distancias hacia el este y el oeste alrededor del planeta.

DESCUBRE REGENT'S PARK

UN PARQUE PERFECTO

Diseñado a principios del s. XIX, Regent's Park está considerado el más elegante de todos los Parques Reales (pp. 94-95). Como muchas otras zonas verdes de la ciudad, empezó como coto de caza de Enrique VIII en el s. XVI. Luego, en el s. XVII, pasó de frondoso bosque a un espacio abierto cuando muchos de sus árboles se talaron durante una guerra civil. Actualmente, con sus zonas de césped y jardines bien cuidados, el parque original resulta prácticamente irreconocible.

Antes de ser un parque, por los bosques de Regent's Park merodeaban los lobos.

SUBE A LA COLINA

Al norte de Regent's Park está Primrose Hill, uno de los puntos naturales más elevados de Londres, con increíbles vistas del perfil urbano. Sus zonas de césped son muy populares para ir de pícnic y disfrutar del paisaje. Aunque ahora es un sitio muy tranquilo, no siempre fue así: ¡antes era un popular lugar para batirse en duelo!

UN MONTÓN DE ROSITAS

Con seis jardines, puede ser difícil elegir solo uno de Regent's Park, pero si tienes poco tiempo, no deberías perderte los Queen Mary's Gardens, con 85 rosaledas en las que florecen cerca de 12 000 rosas durante los meses de verano. Las flores también atraen a una fauna maravillosa, como mariposas y otros polinizadores.

DEPORTES GENIALES

Regent's Park alberga la zona de deportes al aire libre más grande de Londres. Aquí se practican muchos deportes, como *rugby*, fútbol, críquet, *lacrosse*, *softbol* o tenis. El Boating Lake suele estar lleno de botes a pedales y barcas de remos de color azul vivo. Este céntrico parque también alberga un estanque solo para niños.

***FOTOS:** los Italian Gardens de Regent's Park (pág. anterior arriba); gente relajándose en Primrose Hill (pág. anterior abajo); rosas de los Queen Mary's Gardens (arriba); el Boating Lake en Regent's Park (dcha.).*

EN PLENA NATURALEZA

Muchos de los Parques Reales de Londres (pp. 94-95) son famosos por sus zonas de césped, parterres de flores y pintorescas fuentes. Pero **Richmond Park,** en el suroeste de Londres, es famoso por su naturaleza indómita.

El parque tiene origen en el siglo XIII como parte de una residencia real. En 1625, una terrible plaga de peste, una de las muchas que azotaron Londres en aquel siglo, asoló la ciudad. Para evitar contagiarse, el rey Carlos I trasladó a toda su corte al palacio de Richmond y declaró sus terrenos como Richmond Park.

En 1637, Carlos I había construido un muro para mantener alejado al pueblo. Pero la gente cogió tal enfado que el rey tuvo que instalar una escalera en el muro para volver a dejarlos entrar.

Actualmente, Richmond Park alberga viejos robles, así como manadas salvajes de ciervos rojos y gamos que a menudo pueden verse descansando.

Algunos hormigueros de Richmond Park tienen ¡200 años!

FOTO: grupo de ciervos en Richmond Park.

Datos básicos

Tamaño del parque: **1000 Ha**

Número de ciervos en el parque: **más de 600**

Número de hormigueros: **aprox. 400 000**

SECRETOS DE LA CIUDAD

'O: tiendas en el mercado de Camden.

BAJO TIERRA

Cuando estaba en funcionamiento, el Mail Rail repartía el correo 22 h al día.

CARTAS VIAJERA

Antes del correo electrónico, la gente solía escribirse usando el lento correo post
es decir, mediante cartas físicas. Pero, ¿cómo iba todo ese papel del punto
al punto B? El **Postal Museum** responde a esa pregunta y a muchas má
el correo se repartía usando autobuses y coches de caballos. Una de las mejor
partes del museo es el Ferrocarril Subterráneo o Mail Rail (tren corre
Puedes montarte en este histórico tren para recorrer los abandonad
túneles del correo de Londr

***FOTOS:** coche de caballos de Royal Mail en el Postal Museum (arriba); London Mithrae (pág. siguiente arriba); interior de la Guildhall Art Gallery (pág. siguiente aba*

OCULTO BAJO TIERRA

Alguna vez te has preguntado qué secretos podría haber escondidos ajo tus pies? Para los residentes de un barrio de Londres, la respuesta fue doble: un río perdido y unas ruinas romanas. El **London Mithraeum** incluye las ruinas de un templo romano de hace más de 1700 años que estaba a orillas del río Walbrook. ¡Explorarlo es una maravilla! El templo pertenecía al culto de Mitra, una misteriosa y rmética secta romana. Aunque los antiguos romanos desaparecieron ace mucho, todavía puedes ver los vestigios que dejaron.

El río Walbrook todavía existe, aunque subterráneo: desemboca en el Támesis.

RESTOS ROMANOS

La **Guildhall Art Gallery** alberga una rica colección de pintura victoriana y otras obras de arte espectaculares. También esconde un secreto bajo tierra: las ruinas de un anfiteatro romano de hace casi 2000 años, al que los antiguos romanos acudían en masa para ver violentas peleas de gladiadores, luchas de fieras y ejecuciones públicas.

El anfiteatro romano tenía un aforo de 6000 espectadores.

MERCADOS IMPRESCIN-DIBLES

Los abundantes mercados cubiertos y al aire libre de Londres están llenos de sabrosas tentaciones, coloridas viandas, sorprendentes hallazgos y tesoros ocultos. El **Borough Market** existe desde hace más de 1000 años y sigue siendo un lugar genial para comprar productos frescos y sabrosos tentempiés. En el s. XIII, se prohibió a sus ciudadanos comprar en este mercado, por entonces fuera de Londres, para que la gente gastara su dinero en la ciudad.

En el **Camden Market,** vendedores y artistas venden de todo, desde ropa y juguetes hasta accesorios para mascotas. Este mercado también ha sido muy importante en la escena musical británica. En una sala de fiestas situada en el mercado debutaron famosas bandas de punk, desde The Clash hasta los americanos Blondie.

El **Portobello Road Market,** en funcionamiento desde el s. XIX, es uno de los mercados de antigüedades más grandes del mundo, con 1500 puestos donde venden desde relojes hasta muebles antiguos.

***FOTO:** el Camden Market al atardecer.*

Datos básicos

Número de puestos del Camden Market en 1974: **16**

Número de puestos del Camden Market hoy: **más de 1000**

Número de visitantes anuales: **más de 28 millones**

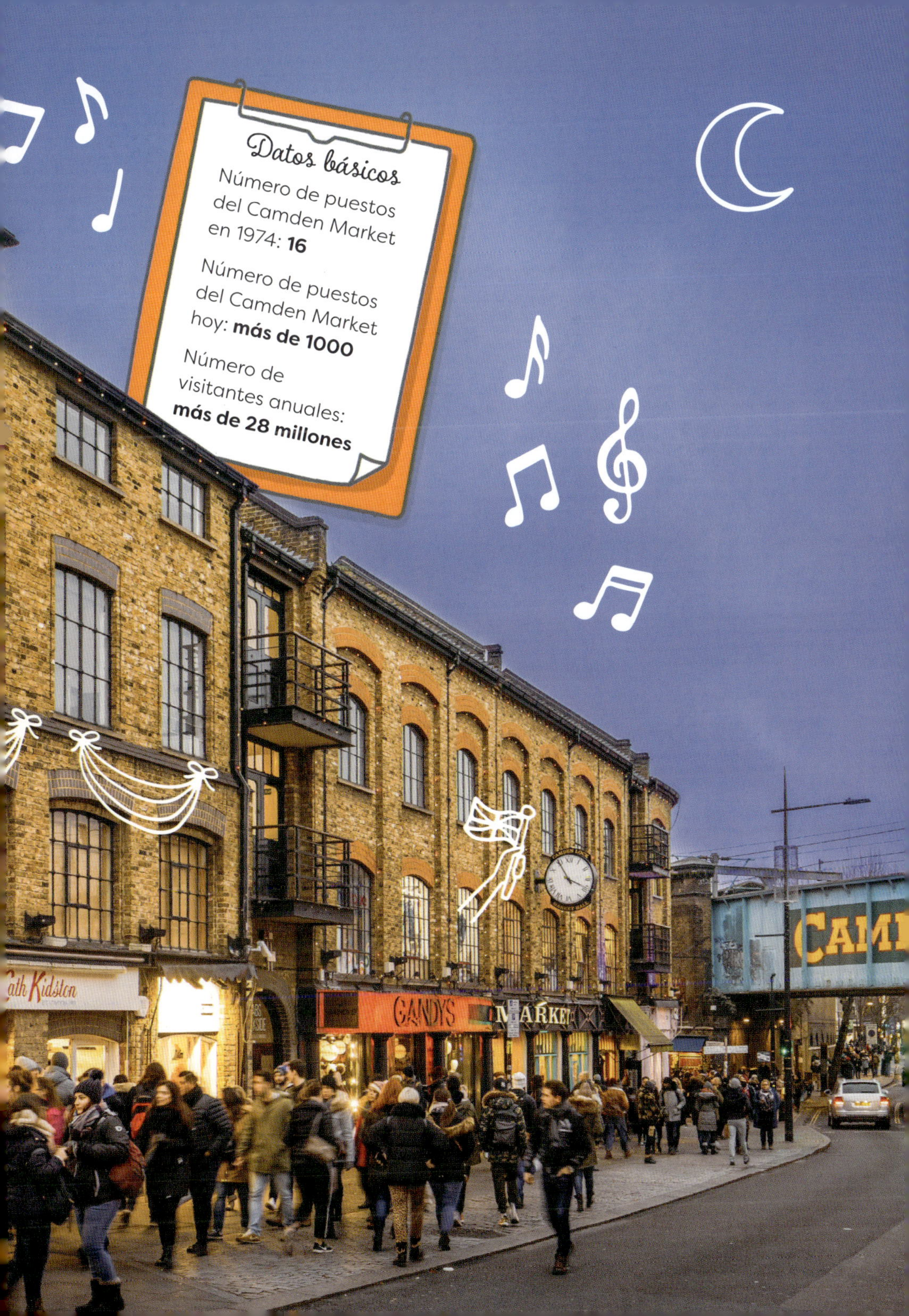

MUÉRETE DE MIEDO

¿Algo que dé miedo de verdad? El London Dungeon ofrece aterradores espectáculos interactivos de temática histórica con actores disfrazados y un macabro atrezo, así como espeluznantes escape rooms y atracciones.

EN CHIRON

En el emplazamiento de una de las cárceles más antiguas de Londre el **Clink Prison Museum** guía a los visitantes por la historia de los crímen y castigos de Londres. Abierta en 1144, la cárcel de Clink funcionó has 1780 y era tristemente famosa por sus duros castigos y horribles condicion de aislamiento. Hoy, las celdas originales están abiertas a los visitant

FOTOS: el Clink Prison Museum (arriba); mausoleos en el cementerio de Highgate (pág. siguie arriba); históricos recipientes medicinales en el Old Operating Theatre (pág. siguiente aba

PONTE GÓTICO

Creado en 1839, el **cementerio de Highgate** se ha convertido en un popular destino turístico por su escalofriante ambiente gótico y elaboradas tumbas. La Egyptian Avenuees un conjunto de panteones diseñados para parecer antiguos templos egipcios. El Circle of Lebanon es un grupo circular de tumbas que antaño rodeaban un árbol con varios siglos de antigüedad. Aquí también hay enterrados muchos famosos, escritores, músicos y políticos.

En la iglesia del St Thomas's Hospital hay un espacio que antaño se usaba para secar y almacenar plantas y hierbas medicinales, como ajenjo y sangre de drago.

¡QUE PASE EL SIGUIENTE!

En el desván de la iglesia dentro del Saint Thomas's Hospital, del s. XVIII, al **Old Operating Theatre** solo se puede acceder subiendo una estrecha escalera de caracol de 52 escalones. Aquí podrás ver el quirófano más antiguo que se conserva en Europa. Aprende más sobre la escalofriante historia de la cirugía en Londres y descubre cómo operaban los médicos en una época en la que no había forma de evitar que los pacientes sintieran el dolor. También hay instrumental quirúrgico, desde sierras de huesos hasta mesas de operaciones.

RESUELVE MISTERIOS

ELEMENTAL, QUERIDO WATSON

Entra en el 221B de Baker Street, el domicilio de Sherlock Holmes, el detective más famoso de Inglaterra y la estrella de la colección de libros de ficción escritos por sir Arthur Conan Doyle. Desde que se publicó su primer caso en 1887, el detective ha aparecido en innumerables películas y series de TV. Sumérgete en su mundo visitando el **Sherlock Holmes Museum,** una casa del s. XIX reformada para que parezca el hogar de Holmes, con objetos relacionados con algunos de sus casos más famosos e incluso algunas figuras de cera a tamaño natural.

***FOTOS:** interior del Sherlock Holmes Museum (dcha.); Temple Church (abajo).*

Datos básicos

Número de historias de Sherlock Holmes: **56**

Primera historia de Sherlock Holmes: **'Estudio en escarlata'**

Número de ejemplares vendidos de Sherlock Holmes: **más de 60 millones**

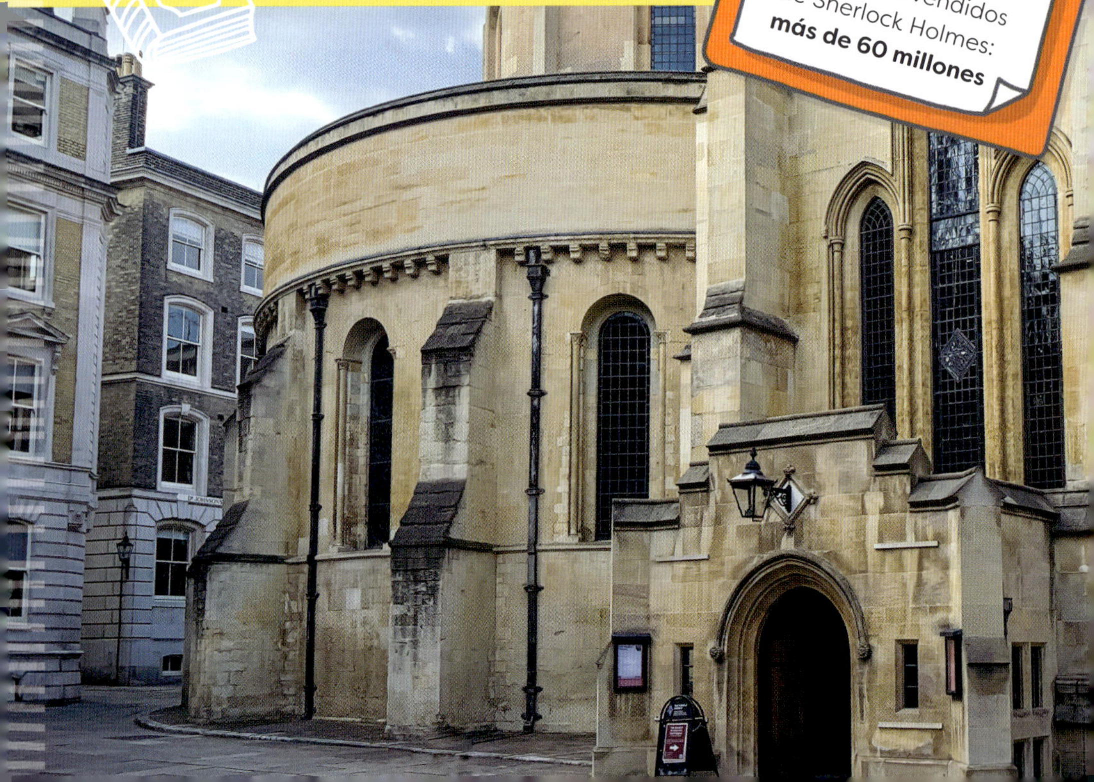

Hay circuitos temáticos de Sherlock Holmes con parada en lugares mencionados en sus libros o en ubicaciones que aparecen en sus películas y series.

BUSCA EL TESORO PERDIDO

La **Temple Church** es una de las iglesias más antiguas de Londres y también una de las más notorias. Fue construida en el s. XII por los templarios, una orden religiosa y militar famosa por sus ceremonias y rituales secretos. Con el paso del tiempo aumentó el poder de los templarios, así como los rumores sobre sus riquezas. En 1307, quizá porque quería apropiarse de sus supuestas riquezas, el rey Felipe IV de Francia ordenó arrestar a los templarios, cuya orden fue disuelta en toda Europa, aunque, según la leyenda, no sin antes esconder su enorme acopio de oro y joyas. La Temple Church sigue en pie, y los visitantes pueden apreciar su histórica arquitectura y quizá incluso ¡buscar pistas sobre el supuesto tesoro perdido!

UNA VIDA DE LUJO

UNA VUELTA POR HARRODS

Un día de compras en Londres no está completo sin una visita a **Harrods,** casa fundada en 1824, cuando Charles Henry Harrod abrió una pequeña tienda de comestibles. Actualmente, estos lujosos grandes almacenes son pura esencia de Londres. También fueron famosos por haber tenido la primera escalera mecánica de Inglaterra, considerada una maravilla de la ingeniería cuando se instaló en 1898.

¡VAYA TIENDA!

Fundada en 1875, **Liberty of Lond**‹ popularmente conocida como Liberty's, es una visita imprescindib para los amantes de la moda y la historia. Además de por sus exclusivas telas manufacturadas, estos grandes almacenes son famosos por el edificio que los alberga. Construido en 1924, el edificio se diseñó en estilo neotudc (es decir, para que se pareciese a l edificios que eran populares en el s. XVI) y se construyó con la madera de tres históricos barcos de guerra.

***FOTOS:** fachada de Harrods (arriba); interior de Liberty of London (izda.); ositos de peluche vestidos como los guardias del palacio de Buckingham en Hamleys (pág. siguiente arriba); Word on the Water (pág. siguiente abajo).*

UN MUNDO DE JUGUETES

Hamleys es más que una tienda de juguetes: aquí venden casi cualquier juguete que te puedas imaginar, y más en su tienda insignia, de siete plantas. Además, tiene mucha historia: es la tienda de juguetes más antigua del mundo. Hamleys empezó siendo una tienda de juguetes llamada Noah's Ark, fundada por William Hamley en 1760. Pronto se hizo tan popular que abrió varias sucursales y ha sobrevivido al paso de los siglos hasta convertirse en todo un icono internacional.

A principios del s. xx, Hamleys podía entregar los pedidos en casa usando carros tirados por caballos.

LIBROS FLOTANTES

Word on the Water es ¡tanto una ›rería como un barco! Sube a esta ıistórica barcaza para hojear una selección de libros, o, si prefieres ıedarte en tierra, puedes echar un stazo a partes de la librería desde la calle. Antes, navegaba de un gar a otro, pero ahora permanece siempre atracada en Regent's Canal. Cuando hace buen tiempo, también programa conciertos, recitales de poesía y otros.

ENCUENTRA LAS DIFERENCIAS

Las cabinas telefónicas rojas son una estampa emblemática de Londres. ¿Puedes encontrar las cinco diferencias entre estas dos imágenes? La solución, en p. 140.

TELEPHONE
BIGBUS LOND

ENCUENTRA LAS DIFERENCIAS

El Tower Bridge es uno de los puntos de interés más famosos de la ciudad. ¿Puedes encontrar las cinco diferencias entre estas dos imágenes? La solución, en p. 140.

ÍNDICE

ÍNDICE

WEBS Y CRÉDITOS FOTOGRÁFICOS

Cómo moverte por la ciudad (pp. 18-31)
Autobuses turísticos Big Bus Tours: bigbustours.com
Autobuses turísticos Tootbus: tootbus.com/en
Red de rutas a pie Footways: footways.london
Transport for London (Transportes de Londres): tfl.gov.uk

Lugares divertidos (pp. 32-45)
Chessington World of Adventures Resort: chessington.com
Horniman Museum & Gardens: horniman.ac.uk
Lee Valley Regional Park: visitleevalley.org.uk
LEGOLAND: legoland.co.uk
London Science Museum: sciencemuseum.org.uk
London Transport Museum: ltmuseum.co.uk
Pueblo de Wimbledon: wimbledonvillage.com
Puppet Theatre Barge: puppetbarge.com
Royal Opera House: roh.org.uk
Shakespeare's Globe Theatre: shakespearesglobe.com
Thorpe Park: thorpepark.com
Warner Bros. Studio Tour London: wbstudiotour.co.uk
Wimbledon: wimbledon.com
Young V&A: vam.ac.uk/young

¡Vaya vistas! (pp. 46-57)
ArcelorMittal Orbit: arcelormittalorbit.com
Covent Garden: coventgarden.london
London Eye: londoneye.com
O2 Arena: theo2.co.uk
Tate Modern: tate.org.uk/visit/tate-modern
El Shard: the-shard.com
Tower Bridge: towerbridge.org.uk
Victoria and Albert Museum: vam.ac.uk

¡A comer! (pp. 58-69)
Twinings: twinings.co.uk

El viejo Támesis (pp. 70-83)
Catedral de St. Paul: stpauls.co.uk
Cutty Sark: rmg.co.uk/cutty-sark
Golden Hinde: goldenhinde.co.uk
HMS *Belfast*: iwm.org.uk/visits/hms-belfast
National Portrait Gallery: npg.org.uk
Palacio de Westminster: parliament.uk

Lugares muy reales (pp. 84-95)
Abadía de Westminster: westminster-abbey.org
La familia real británica: royal.uk
Palacios reales históricos: hrp.org.uk
Royal Academy of Arts: royalacademy.org.uk
Royal Collection Trust (Patronato de la Colección Real): rct.uk
Royal Parks: royalparks.org.uk

El lado más salvaje (pp. 96-107)
BFI IMAX: bfi.org.uk/bfi-imax
British Museum: britishmuseum.org
Carnaval de Notting Hill: nhcarnival.org
Diwali: diwaliinlondon.com
Dulwich Picture Gallery: dulwichpicturegallery.org.
Hampstead Heath: hampsteadheath.net
London Wetland Centre: wwt.org.uk/wetland-centres/london
London Wildlife Trust: wildlondon.org.uk
Natural History Museum: nhm.ac.uk
SEA LIFE London Aquarium: visitsealife.com/londo
Zoo de Londres: londonzoo.org

Londres verde (pp. 108-117)
Royal Observatory: rmg.co.uk/royal-observatory

Secretos de la ciudad (pp. 118-129)
Borough Market: boroughmarket.org.uk
Camden Market: camdenmarket.com
Cementerio de Highgate: highgatecemetery.org
Clink Prison Museum: clink.co.uk
Guidehall Art Gallery: guildhall.cityoflondon.gov.uk
Hamleys: hamleys.com
Harrods: harrods.com
Liberty of London: libertylondon.com
London Mithraeum: londonmithraeum.com
Old Operating Theatre: oldoperatingtheatre.com
Portobello Road Market: portobelloroad.co.uk
Postal Museum: postalmuseum.org
Sherlock Holmes Museum: sherlock-holmes.co.uk
Temple Church: templechurch.com
Word on the Water: wordonthewater.co.uk

ÉDITOS FOTOGRÁFICOS

straciones © 2025 Carolyn Sewell

9: David Steele/Shutterstock / **12-13:** Sylvain Sonnet/ tty Images / **14-15:** Rainer Lesniewski/Shutterstock / **-17:** VanderWolf Images/Shutterstock (Tube station); udio MDF/Shutterstock (persona mirando el mapa) / **-19:** Scott Barbour/Getty Images / **20:** Ron Ellis/ utterstock / **21:** Kamira/Shutterstock (taxi); Lucian asan/Shutterstock (autobús) / **22:** William Barton/ utterstock (tranvía); Alex Segre/Shutterstock (interior coche) / **23:** Jakub Rutkiewicz/Shutterstock (DLR); gel J. Harris/Shutterstock (Overground) / **-25:** cowardlion/Shutterstock (bicicletas); Alexander atari/Getty Images (Regent Street) / **26-27:** Andres rcia Martin/Shutterstock / **28-29:** Andy Soloman/ G/Universal Images Group via Getty Images nunnel); Abdul_Shakoor/Shutterstock (teleféricos) / **-31:** vladimir zakharov/Getty Images / **32-33:** 365_ uals/Shutterstock / **34:** goga18128/Shutterstock utobuses); Marco Prati/Shutterstock (Science useum) / **35:** David Parry/Shutterstock (trajes); Pav- Photography Ltd/Shutterstock (Horniman) / **36:** dul_Shakoor/Shutterstock / **37:** Marcin Rogozinski/ amy Stock Photo (coche de caballos); cowardlion/ utterstock (barco pirata) / **38-39:** Meaning March/ utterstock / **40:** Angyalosi Beata/Shutterstock / Lukasz Sadlowski/Shutterstock (carrera acuática); astas_styles/Shutterstock (LEGOLAND) / **42-43:** risdorney/Shutterstock (oso); COO7/Shutterstock arry Potter); John Wreford/Shutterstock (King's oss) / **44:** cowardlion/Shutterstock / **45:** N.M.Bear/ utterstock (Royal Opera House); Alphotographic/ etty Images (Puppet Theatre Barge) / **46-47:** Valdis udre/Shutterstock / **48-49:** Abs fotos/Shutterstock rre); Christian Mueller/Shutterstock (London Eye) / **-51:** chbaum/Shutterstock / **52-53:** Richard ac/Shutterstock (Jonas Brothers); Aerial-motion/ utterstock (tejado) / **54:** zefart/Shutterstock / **55:** berto Lotti/500px/Getty Images (Covent Garden); kasz Pajor/Shutterstock (Piccadilly Circus) / **-57:** Ralu Spatareanu/ Shutterstock (costumes); wel Libera/Getty Images (Tate Modern) / **58-59:** exey Borodin/Shutterstock / **60-61:** Debra Angel/ utterstock / **62:** neil langan/Shutterstock *(fish and ips);* Slawomir Fajer/Shutterstock (desayuno) / **:** Goskova Tatiana/Shutterstock (ternera Wellington); onG/Shutterstock *(pudding)* / **64-65:** nelea33/ utterstock *(chicken tikka masala);* DronG/ utterstock *(chow mein)* / **66:** Monkey Business ages/Shutterstock / **67:** Davis Dorss/Shutterstock *e);* Joerg Beuge/Shutterstock *(black pudding)* / **-69:** Alesia.Bierliezova/Shutterstock *(gingerbread);* ven Tan/Shutterstock *(shortbread)* / alexanderon/ utterstock *(pie)* / **70-71:** Claudio Divizia/Shutterstock / **:** Museum of London/Heritage Images/Getty Images / **:** Historia/Shutterstock (dibujo animado); Darren ker/Shutterstock (cisnes) / **74:** Sergii Figurnyi/ utterstock (dormitorio); Justin Black/Shutterstock (torre exterior) / **75:** Photos.com/Getty Images (retrato); John Harper/Getty Images (corona) / **76-77:** Dan Breckwoldt/Shutterstock / **78:** Marco Rubino/Shutterstock (león); AlexKozlov/Getty Images (fuentes) / **79:** Prettyawesome/Shutterstock (estatua); Alex Segre/Shutterstock (galería) / **80-81:** TangMan Photography/Getty Images (palacio); Peter Nadolski/ Shutterstock (reloj) / **82:** Botond Horvath/Shutterstock *(Golden Hinde);* Tom Meaker/Shutterstock (National Maritime Museum) / **83:** Pandora Pictures/Shutterstock (HMS *Belfast*); johnbraid/Shutterstock *(Cutty Sark)* / **84-85:** Watcharisma/Shutterstock / **86:** Tetra Images/ Getty Images / **87:** Alexander Chaikin/Shutterstock (guardia); Dave Goodman/Shutterstock (carroza) / **88-89:** Danny Lawson - WPA Pool/Getty Images (abadía Westminster); IR Stone/Shutterstock (tumba) / **90:** Mistervlad/Shutterstock (palacio de Kensington); Kiev.Victor/Shutterstock (castillo de Windsor) / **91:** Grant Faint/Getty Images (Hampton Court); Afflamen/ Shutterstock (Kew Gardens) / **92:** Claudio Divizia/ Shutterstock / **93:** William Barton/Shutterstock / **94:** Destinyweddingstudio/Shutterstock / **95:** mary416/ Shutterstock (Kensington Gardens); ivanmateev/ Getty Images (St James's Park) / **96-97:** Andywak/ Shutterstock / **98:** Dair/Shutterstock / **99:** Nastasic/ Getty Images (zoo); Endless luck/Shutterstock (peces) / **101-101:** Alex Segre/Getty Images / **102:** Alex Segre/ Alamy Stock Photo (Dulwich Picture Gallery); pio3/ Shutterstock (esqueleto de ballena) / **103:** MAVRITSINA IRINA/Shutterstock (yelmo); 4kclips/Shutterstock (teatro) / **104-105:** AK-Media/Shutterstock (ciervo); Giedriius/Shutterstock (zorro) / **106:** Alexey Fedorenko/ Shutterstock (dragón); Samot/Shutterstock (fuegos artificiales) / **107:** Viktor Kovalenko/Shutterstock (Carnaval); Lara Ra/Shutterstock (Diwali) / **108-109:** LanaG/Shutterstock / **110:** Arthur Tilley/Getty Images / **111:** Nicku/Shutterstock (Karl Marx); Marius_ Comanescu/Shutterstock (patinaje sobre hielo) / **112-113:** Pajor Pawel/Shutterstock (observatorio); cowardlion/Shutterstock (Greenwich Park) / **114:** Simon McGill/Getty Images (Primrose Hill); Chrispictures/ Shutterstock (Regent's Park) / **115:** chrisdorney/ Shutterstock (rosas); Daniele Silva/Shutterstock (lago) / **116-117:** Sampajano_Anizza/Shutterstock / **118-119:** Valdis Skudre/Shutterstock / **120:** Facundo Arrizabalaga/EPA/Shutterstock / **121:** cowardlion/ Shutterstock (galería); Peter_Fleming/Shutterstock (templo) / **122-123:** Maurizio De Mattei/Shutterstock / **124:** Pack-Shot/Shutterstock / **125:** Nataliia Zhekova/ Shutterstock (recipientes); Dan Bridge/Getty Images (mausoleos) / **126-127:** Alla Tsyganova/Shutterstock (iglesia); Anton_Ivanov/Shutterstock (museo) / **128:** Mykolastock/Shutterstock (Liberty's); Frank Gaertner/Shutterstock (Harrods) / **129:** Ink Drop/ Shutterstock (ositos de peluche); Ingrid Pakats/ Shutterstock (librería) / **130-131:** maziarz/Shutterstock / **132-133:** Sol de Zuasnabar Brebbia/Getty Images / **141:** giorgiogalano/Getty Images

SOLUCIÓN A ENCUENTRA LAS DIFERENCIAS

TO: tiendas en Portobello Road.

El mercado de Portobello Road lleva en funcionamiento desde hace más de 150 años. Cientos de vendedores ofrecen de todo, desde juguetes centenarios hasta espadas antiguas y joyas de oro.